最高人民检察院
第十五批指导性案例
适用指引

—— · 行政检察 · ——

最高人民检察院第七检察厅　编著

中国检察出版社

《最高人民检察院第十五批指导性案例适用指引》编委会

主　　任：张雪樵

副 主 任：张相军　张步洪

编　　委：（按姓氏笔画排列）

　　　　　田　力　齐占洲　张立新
　　　　　罗　箭　胡文正　韩成军

主　　编：张相军

副 主 编：张步洪　胡文正

编写人员：傅国云　申鸿雁　张立新
　　　　　胡文正　刘长江　康恪峰
　　　　　庞远丽　王碧徽　杨沧海
　　　　　贾　敏　何　芬　汪佳妮
　　　　　舒燕华　赵国君　李　伟
　　　　　崔　晔　聂　影　黄　梅

目 录
CONTENTS

第一部分　最高人民检察院第十五批指导性案例

最高人民检察院
关于印发最高人民检察院第十五批指导性案例的通知　／3

1. 某实业公司诉某市住房和城乡建设局征收补偿
   认定纠纷抗诉案（检例第57号）　／4

2. 浙江省某市国土资源局申请强制执行杜某非法
   占地处罚决定监督案（检例第58号）　／11

3. 湖北省某县水利局申请强制执行肖某河道违法
   建设处罚决定监督案（检例第59号）　／16

第二部分　最高人民检察院第十五批指导性案例解读

最高人民检察院第十五批指导性案例解读
　　　　　　　张相军　胡文正　庞远丽　贾　敏／23

加强案例指导，做实行政检察
——最高人民检察院第十五批指导性案例及
行政检察典型案例理解与适用　　　　　　　　　／41

第三部分　行政检察典型案例及实务指引

1. 河南省甲县违法占地非诉执行监督系列案
——监督行政非诉执行依法受理，共同守住
耕地保护红线　　　　　　　　　　　　　　／65

2. 吉林省某公司违法占地非诉执行监督案
——监督行政非诉执行依法审查，维护国家、
社会公共利益和公民合法权益　　　　　　　／69

3. 北京市某村委会等六起违法占地非诉执行监督案
——监督终结本次执行程序依法适用，推动破解
"两违"拆除难题　　　　　　　　　　　　／74

4. 浙江省徐某违法占地非诉执行监督案
——监督"裁执分离"模式下法院和行政机关
依法执行，保护基本农田不被侵占　　　　　／81

5. 广西壮族自治区某矿业公司违法占地非诉执行监督案
——依申请监督行政非诉执行"裁而不执"，
保护国土资源不被侵害　　　　　　　　　　／87

6. 姬某诉某乡政府确认行政行为违法监督案
——检察机关以听证赢公信，加强行政违法行为
调查核实，积极引导当事人和解，有效化解
行政争议　　　　　　　　　　　　　　　　／91

目 录

附录：行政检察主要法律文件规范

一、中华人民共和国人民检察院组织法　　/ 101

二、中华人民共和国行政诉讼法（节选）　　/ 110

三、中华人民共和国民事诉讼法（节选）　　/ 125

四、中华人民共和国行政强制法　　/ 138

五、最高人民法院、最高人民检察院关于民事
　　执行活动法律监督若干问题的规定　　/ 156

六、人民检察院检察建议工作规定　　/ 161

第一部分

最高人民检察院
第十五批指导性案例

最高人民检察院
关于印发最高人民检察院
第十五批指导性案例的通知

各省、自治区、直辖市人民检察院，解放军军事检察院，新疆生产建设兵团人民检察院：

经2019年7月29日最高人民检察院第十三届检察委员会第二十二次会议决定，现将某实业公司诉某市住房和城乡建设局征收补偿认定纠纷抗诉案等三件指导性案例（检例第57—59号）作为第十五批指导性案例发布，供参照适用。

最高人民检察院

2019年9月9日

某实业公司诉某市住房和城乡建设局征收补偿认定纠纷抗诉案

(检例第 57 号)

关键词

行政抗诉　征收补偿　依职权监督　调查核实

要旨

人民检察院办理行政诉讼监督案件，应当秉持客观公正立场，既保护行政相对人的合法权益，又支持合法的行政行为。依职权启动监督程序，不以当事人向人民法院申请再审为前提。认为行政判决、裁定可能存在错误，通过书面审查难以认定的，应当进行调查核实。

基本案情

2015 年 9 月，某市政府决定对某片区实施棚户区改造项目房屋征收，市住房和城乡建设局（简称市住建局）依据土地房屋登记卡、测绘报告及房屋分户面积明细表，向某实业公司作出房屋征收补偿面积的复函，认定案涉大厦第四层存在自行加建面积为203.78平方米,第五层存在自行加建面积为929.93平方米,对自行加建部分按照建安成本给予某实业公司补偿。实业公司不服,认为第四层的203.78平方米和第五层的187.26平方米是规划许可允许建造且在案涉大厦建成时一并建造完成,并系经过法院裁定、判决而合法受让,遂向该市某区人民法院起诉,请求:确认复函违法并撤销;确认争议部分建筑合法并按非住宅房屋价值给予补偿。

2016年8月1日,某区人民法院作出行政判决,认为:案涉大厦目前尚未取得房屋所有权证,应当以规划许可的建筑面积来认定是否属于自行加建面积。土地房屋登记卡记载的面积,连同第四层和第五层的争议面积,共计5560.55平方米,未超过规划许可证件载明的面积5674.62平方米,应当认定争议建筑具有合法效力。某测绘公司2011年11月13日受法院委托,对案涉大厦进行测绘后出具了测绘报告,2015年12月25日该测绘公司受市政府委托对该大厦测绘后出具测绘报告及房屋分户面积明细表,二者相互矛盾,2011年测绘报告被市中级人民法院另案判决采信在先,其证明效力应当优于2015年出具的房屋分户面积明细表,因此对市住建局复函依据的房屋分户面积明细表不予采信。该判决还认为:该市中级人民法院另案民事判决将争议建筑作为合法财产分割归某实业公司所有,是发生法律效力的物权设立决定,应当认定争议的面积不是自行加建的面积。遂判决确认市住建局复函违法,责令其对争议部分建筑按非住宅房屋的补偿标准给予安置补偿或者货币补偿。

一审判决后,双方当事人均未提起上诉,也未申请再审。

检察机关监督情况

线索发现 2018年4月,该市人民检察院在处理当事人来函信件中发现该案判决可能存在错误,非住宅补偿标准(每平方米约3万元)与建安成本(每平方米约2000元)差距巨大,如果按照判决进行补偿,不仅放纵违法建设行为,而且政府将多支付补偿款1000余万元,严重损害国家利益,根据《人民检察院行政诉讼监督规则(试行)》第9条第1项之规定,决定依职权启动监督程序。

调查核实 市人民检察院在审查案件过程中,发现一审期间某实业公司提供的案涉大厦规划许可证件复印件是判决的关键证据之一,与其他证据存在矛盾,遂开展了以下调查核实工作:一是向法院调取案件卷宗材料;二是向市规划委员会、市不动产登记中心等单位调取规划许可证件及相关文件;三是向市不动产登记中心等单位及工作人员询问了解规划许可证件等文件复印件的来源和审核情况。经对以上材料进行审查和比对,发现法院卷宗中的规划许可证件等文件复印件记载的面积与市规划委员会保存的规划许可证件等文件原件记载的面积不一致。最终查明:某实业公司向法院提供的规划许可证件等三份文件复印件,是从市不动产登记中心查询复印的,而该中心保存的这三份材料又是某实业公司在申请办理房证时提供的复印件。市规划委员会于2018年7月19日向人民检察院出具的《关于协助说明规划许可相关内容的复函》证明:案涉大厦建筑规划许可总建筑面积为5074.62平方米。据此认定,某实业公司提供的规划许可证件等3份文件复印件中5674.62平方米的面积系经涂改,规划许可的建筑面积应为5074.62平方米,二者相差600平方米。

监督意见 市人民检察院审查后，认为区人民法院行政判决认定事实的主要证据系变造，且事实认定和法律适用存在错误。第一，2015年测绘报告的房屋分户面积明细表是受市人民政府委托，为了征收某片区棚户区改造项目房屋，对整个大厦建筑面积包括合法、非法加建面积而进行的测绘，应当作为认定争议面积是否属于合法建筑面积的依据。而2011年测绘报告则是另案为了处理有关当事人关于某酒店共有产权民事纠纷而进行的测绘，未就争议建筑部分是否合法予以认定或区分，不应作为认定建筑是否合法的依据。第二，根据检察机关调查核实情况，判决认定规划许可面积错误，以此为标准认定实际建筑面积未超过规划许可面积也存在错误。第三，根据市国土局土地房屋登记卡及附件、2015年测绘报告的房屋分户面积明细表等证据，应当认定第四层、第五层存在擅自加建。第四，另案民事判决是对房屋权属进行的分割和划分，不应当作为认定建筑是否合法的依据。判决认定争议建筑不是自行加建，存在错误。市人民检察院遂于2018年11月22日依法向市中级人民法院提出抗诉。

监督结果 市中级人民法院经过审查，于2018年12月3日作出行政裁定书，指令某区人民法院再审。2019年1月8日，某实业公司向某区人民法院提交撤诉申请。某区人民法院依照《中华人民共和国行政诉讼法》第62条之规定，裁定：（1）撤销本院原行政判决书；（2）准许某实业公司撤回对市住建局的起诉。

2019年3月6日，市中级人民法院对某实业公司另案起诉的市住建局强制拆除行为违法及赔偿纠纷案作出终审行政判决，认定某实业公司提交的案涉大厦规划许可证件等文件中5674.62平方米是经涂改后的面积，规划许可建筑面积应为5074.62平方米。某实业公司对法院认定的上述事实无异议。该案最终判决驳回某实业公司的诉讼请求。对变造证据行为的责任追究，另案处理。

指导意义

1. 人民检察院办理行政诉讼监督案件，应当秉持客观公正立场，既注重保护公民、法人和其他组织的合法权益，也注重支持合法的行政行为，保护国家利益和社会公共利益。人民检察院行政诉讼监督的重要任务是维护社会公平正义，监督人民法院依法审判和执行，促进行政机关依法行政。人民检察院是国家的法律监督机关，应当居中监督，不偏不倚，依法审查人民法院判决、裁定所基于的事实根据和法律依据，发现行政判决、裁定确有错误，符合法定监督条件的，依法提出抗诉或再审检察建议。本案中，人民检察院通过抗诉，监督人民法院纠正了错误判决，保护了国家利益，维护了社会公平正义。

2. 人民检察院依职权对行政裁判结果进行监督，不以当事人申请法院再审为前提。按照案件来源划分，对行政裁判结果进行监督分为当事人申请监督和依职权监督两类。法律规定当事人在申请检察建议或抗诉之前应当向法院提出再审申请，目的是防止当事人就同一案件重复申请、司法机关多头审查。人民检察院是国家的法律监督机关，是公共利益的代表，担负着维护司法公正、保证法律统一正确实施、维护国家利益和社会公共利益的重要任务，对于符合《人民检察院行政诉讼监督规则（试行）》第9条规定的行政诉讼案件，应当从监督人民法院依法审判、促进行政机关依法行政的目的出发，充分发挥检察监督职能作用，依职权主动进行监督，不受当事人是否申请再审的限制。本案中，虽然当事人未上诉也未向法院申请再审,但人民检察院发现存在损害国家利益的情形,遂按照《人民检察院行政诉讼监督规则(试行)》第9条第1项的规定,依职权启动了监督程序。

3. 人民检察院进行行政诉讼监督,通过书面审查卷宗、当事人提供的材料等对有关案件事实难以认定的,应当进行调查核实。《人民检察院组织法》规定,人民检察院行使法律监督权,可以进行调查核实。办理行政诉讼监督案件,通过对卷宗、当事人提供的材料等进行书面审查后,对有关事实仍然难以认定的,为了查清案件事实,确保精准监督,应当进行调查核实。根据《人民检察院行政诉讼监督规则(试行)》等相关规定,调查核实可以采取以下措施:(1)查询、调取、复制相关证据材料;(2)询问当事人或者案外人;(3)咨询专业人员、相关部门或者行业协会等对专门问题的意见;(4)委托鉴定、评估、审计;(5)勘验物证、现场;(6)查明案件事实所需要采取的其他措施。调查核实的目的在于查明人民法院的行政判决、裁定是否存在错误,审判和执行活动是否符合法律规定,为决定是否监督提供依据和参考。本案中,市住建局作出复函时已有事实根据和法律依据,并在诉讼中及时向法庭提交,但法院因采信原告提供的虚假证据作出了错误判决。检察机关通过调查核实,向原审人民法院调取案件卷宗,向规划部门调取规划许可证件等文件原件,向出具书证的不动产登记中心及工作人员了解询问规划许可证件等文件复印件的形成过程,进而查明原审判决采信的关键证据存在涂改,为检察机关依法提出抗诉提供了根据。

相关规定

《中华人民共和国人民检察院组织法》第六条、第二十一条

《中华人民共和国行政诉讼法》第九十一条、第九十三条、第一百零一条

《中华人民共和国民事诉讼法》第二百一十条

《人民检察院行政诉讼监督规则（试行）》第九条、第十三条、第三十六条

《人民检察院民事诉讼监督规则（试行）》第六十六条

浙江省某市国土资源局申请强制执行杜某非法占地处罚决定监督案

(检例第58号)

关键词

行政非诉执行监督　违法占地　遗漏请求事项　专项监督

要旨

人民检察院行政非诉执行监督要发挥监督法院公正司法、促进行政机关依法行政的双重监督功能。发现人民法院对行政非诉执行申请裁定遗漏请求事项的，应当依法监督。对于行政非诉执行中的普遍性问题，可以以个案为切入点开展专项监督活动。

基本案情

2014年5月，浙江省某市某区某镇村民杜某未经批准，擅自在该村占用土地681.46平方米，其中建造活动板房112.07平方米，硬化水泥地面569.39平方米。市国土资源局认为杜某的行为违反了《中华人民共和国土地管理法》和《基本农田保护条例》规定，根据《中华人民共和国土地管理法》第76条、

《中华人民共和国土地管理法实施条例》第 42 条及《浙江省国土资源行政处罚裁量权执行标准》规定,作出行政处罚决定:(1)责令退还非法占用土地 681.46 平方米;(2)对其中符合土地利用总体规划的 45.46 平方米土地上的建筑物和设施,予以没收;(3)对不符合土地利用总体规划的 636 平方米土地(基本农田)上的建筑物和设施,予以拆除;(4)对非法占用规划内土地 45.46 平方米的行为处以每平方米 11 元的罚款,非法占用规划外土地 636 平方米的行为处以每平方米 21 元的罚款,共计人民币 13856.06 元。杜某在规定的期限内未履行该处罚决定第 3 项和第 4 项内容,亦未申请行政复议或提起行政诉讼,经催告仍未履行。市国土资源局遂于 2017 年 7 月 21 日向某市某区人民法院申请强制执行杜某违法占地行政处罚决定第 3 项和第 4 项内容。区人民法院立案受理后,于 2017 年 7 月 25 日作出行政裁定书,裁定准予执行市国土资源局行政处罚决定第 3 项内容,并由某镇政府组织实施。某镇政府未在法定期限内执行法院裁定。

检察机关监督情况

线索发现 某区人民检察院在办理其他案件过程中发现该案线索。经初步调查了解,某镇政府未根据法院裁定书内容组织实施拆除,土地未恢复至复耕条件,杜某也未履行缴纳罚款的义务,遂依职权启动监督程序。

调查核实 根据案件线索,检察机关重点开展了以下调查核实工作:一是向法院调阅了案件卷宗材料;二是向当地国土管理部门工作人员了解案涉行政处罚决定执行情况和申请法院强制执行的情况;三是检察人员到违法占地现场进行实地查看。最终查明：市国土资源局的行政处罚决定有充分的事实根据，申请法院强制执行符合法律规定，目前行政处罚决定中罚款仍未缴纳，法院裁定拆除的地上建筑物和设施亦未被拆除。

监督意见 2018年5月，某区人民检察院分别向某区人民法院和某镇政府提出检察建议，建议某区人民法院查明该案未就行政处罚决定第4项罚款作出裁定的原因，并依法处理，建议某镇政府查明违法建筑物和设施未拆除的原因，并依法处置。

监督结果 某区人民法院收到检察建议后于2018年5月30日作出补充裁定，准予强制执行市国土资源局作出的13856.06元罚款决定，7月该款执行到位。某镇政府收到检察建议后，迅速行动，案涉违法建筑物和设施于2018年7月被拆除。

专项监督 某区人民检察院在办理该案过程中，发现农村违法占地行政处罚未执行到位问题突出，遂决定就国土资源领域行政非诉执行开展专项监督活动，共监督法院裁定遗漏强制执行请求事项等案件17件，乡镇街道未执行法院裁判文书确定的义务案件18件。某市人民检察院通过认真研究后发现辖区内类似问题较多，遂于2018年5月在全市检察机关开展专项监督活动。截至2019年2月专项活动结束时，通过检察机关监督，全市共整治拆除各类违法建筑物及设施45.5万平方米，恢复土地原状23万平方米，退还非法占用土地21.7万平方米。市中级人民法院针对检察机关专项监督活动中发现的问题，在全市法院系统开展专项评查，有效规范了行政非诉执行的受理、审查和实施等活动。

指导意义

1. 人民检察院履行行政非诉执行监督职能，应当发挥既监督人民法院公正司法又促进行政机关依法行政的双重功能，实现双赢、多赢、共赢。行政非诉执行监督对于促进人民法院依法、公正、高效履行行政非诉执行职能，促进行政机关依法履行职责，维护公共利益和社会秩序，保护公民、法人和其他组织的合法权益，具有重要作用。人民检察院对人民法院行政非诉执行的受理、审查和实施等各个环节开展监督，针对存在的违法情形提出检察建议，有利于促进人民法院依法审查行政决定、正确作出裁定并实施，防止对违法的行政决定予以强制执行，保护行政相对人的合法权益。开展行政非诉执行监督，应当注意审查行政行为的合法性，包括是否具备行政主体资格、是否明显缺乏事实根据、是否明显缺乏法律法规依据、是否损害被执行人合法权益等。对于行政行为明显违法，人民法院仍裁定准予执行的，应当向人民法院和行政机关提出检察建议予以纠正，防止被执行人合法权益受损。对于行政行为符合法律规定的，应当引导行政相对人依法履行法定义务，支持行政机关依法行政。

2. 人民法院对行政非诉执行申请裁定遗漏请求事项的，人民检察院应当依法提出检察建议予以监督。根据《中华人民共和国行政强制法》第57条和第58条的规定，人民法院受理行政机关强制执行申请后进行书面审查，应当对行政机关提出的强制执行申请请求事项作出是否准予执行的裁定。本案中，市国土资源局向区人民法院申请强制执行的项目中包括强制执行13856.06元罚款，但区人民法院却未对该请求事项予以裁定，致使罚款无法通过强制执行方式收缴，影响了行政决定的公信力。人民检察院应当对人民法院遗漏申请事项的裁定依法提出检察建议予以纠正。

3. 人民检察院应当坚持在办案中监督、在监督中办案的理念，在办理行政非诉执行监督案件过程中，注重以个案为突破口，积极开展专项活动，促进一个区域内一类问题的解决。人民检察院履行行政非诉执行监督职责，要注重举一反三，深挖细查，以小见大，以点带面，针对人民法院行政非诉执行受理、审查和实施等各个环节存在的普遍性问题开展专项活动，实现办理一案、影响一片的监督效果。某市两级检察机关在成功办理本案的基础上，开展专项监督活动，有力推进了全市国土资源领域"执行难"等问题的解决，促进了行政管理目标的实现。市中级人民法院针对检察机关专项监督活动中发现的问题，在全市法院系统开展专项评查，规范了行政非诉执行活动。

相关规定

《中华人民共和国行政诉讼法》第十一条、第九十七条、第一百零一条

《中华人民共和国民事诉讼法》第二百三十五条

《中华人民共和国行政强制法》第五十三条、第五十七条、第五十八条

《人民检察院行政诉讼监督规则（试行）》第二十九条

《最高人民法院、最高人民检察院关于民事执行活动法律监督若干问题的规定》第一条、第二十一条

《人民检察院检察建议工作规定》第十一条

湖北省某县水利局申请强制执行肖某河道违法建设处罚决定监督案

（检例第59号）

关键词

行政非诉执行监督　河道违法建设　强制拆除

要旨

办理行政非诉执行监督案件，应当查明行政机关对相关事项是否具有直接强制执行权，对具有直接强制执行权的行政机关向人民法院申请强制执行，人民法院不应当受理而受理的，应当依法进行监督。人民检察院在履行行政非诉执行监督职责中，发现行政机关的行政行为存在违法或不当履职情形的，可以向行政机关提出检察建议。

基本案情

2011年9月，湖北省某县村民肖某未经许可，擅自在某水库库区（河道）管理范围内316国道某大桥下建房（房基）5间，占地面积289.8平方米。2011年11月3日，某县水利局根据《中华人民共和国水法》第 65 条作出《行政处罚决定书》，要求肖某立即停止在某大桥下建房的违法行为，限 7 日内拆除所建房屋，恢复原貌；罚款 5 万元；并告知肖某不服处罚决定申请复议和提起诉讼的期限，注明期满不申请复议、不起诉又不履行处罚决定，将依法申请人民法院强制执行。肖某在规定的期限内未履行该处罚决定，亦未申请复议或提起行政诉讼。2012 年 3 月 29 日，某县水利局向法院申请强制执行。2012 年 4 月 23 日，县人民法院作出行政裁定书，裁定准予执行行政处罚决定，责令肖某履行处罚决定书确定的义务。但肖某未停止违法建设，截至 2017 年 4 月，肖某已在某河道区域违法建成四层房屋，建筑面积约 520 平方米。

检察机关监督情况

线索发现 县人民检察院于 2017 年 4 月通过某日报《"踢皮球"执法现象何时休？》的报道发现案件线索，依职权启动监督程序。检察机关经调查发现，肖某在某河道内违法建设的行为持续多年，违反了国家河道管理规定，违法建筑物严重影响行洪、防洪安全。水利局和法院对违法建筑物未被强制拆除的原因则各执一词。法院认为，对违反水法的建筑物，水利局是法律明确授予强制执行权的行政机关，法院不能作为该案强制执行主体。但水利局认为，其没有强制执行手段，应当由法院强制执行。

监督意见 检察机关审查认为：法律没有赋予水利局采取查封、扣押、冻结、划拨财产等强制执行措施的权力，对于不缴纳罚款的，水利局可以向法院申请强制执行；但根据行政强制法和水法等相关规定，水利局对于河道违法建筑物具有强行拆除的权力，不应当向法院申请强制执行。因此，水利局向法院申请执行行政处罚决定中的拆除违法建筑物部分，法院不应当受理而受理并裁定准予执行，违反法律规定。县人民检察院于 2017 年 5 月向县水利局提出检察建议，建议其依法强制拆除违法建筑物；同年 8 月向县人民法院提出检察建议，建议其依法履职、规范行政非诉执行案件受理等工作。

监督结果 县水利局收到检察建议后，立即向当地党委政府报告。在县委、县政府的大力支持下，河道违法建筑物被依法拆除。县人民法院收到检察建议后，回复表示今后要加强案件审查，对行政机关具有强制执行权而向法院申请强制执行的案件裁定不予受理。

指导意义

1. 人民检察院办理行政非诉执行监督案件，应当依法查明行政机关对相关事项是否具有直接强制执行权。我国行政强制法规定的行政强制执行，包括行政机关直接强制执行和行政机关申请人民法院强制执行两种类型。法律赋予某些行政机关以直接强制执行权的主要目的是提高行政效率，及时执行行政决定。如果行政机关有直接强制执行权，又向人民法院申请执行，不但浪费司法资源，而且容易引起相互推诿，降低行政效率。人民检察院办理行政非诉执行监督案件，应当查明行政机关是否具有直接强制执行权，对具有直接强制执行权的行政机关向人民法院申请强制执行，人民法院不应当受理而受理的，应当依法进行监督。《中华人民共和国水法》第 65 条第 1 款规定："在河道管理范围内建设妨碍行洪的建筑物、构筑物,或者从事影响河势稳定、危害河岸堤防安全和其他妨碍河道行洪的活动的,由县级以上人民政府水行政主管部门或者流域管理机构依据职权,责令停止违法行为,限期拆除违法建筑物、构筑物,恢复原状;逾期不拆除、不恢复原状的,强行拆除……"根据上述规定,对河道管理范围内妨碍行洪的建筑物、构筑物,水行政主管部门具有直接强行拆除的权力。但在本案中,水利局本应直接强制执行,却向人民法院申请执行,人民法院不应当受理而受理、不应当裁定准予执行而裁定准予执行,致使两个单位相互推诿,河道安全隐患长期得不到消除,人民检察院依法提出检察建议,促进了问题的解决。

2. 人民检察院在履行行政非诉执行监督职责中,发现行政机关的行政行为存在违法或不当履职情形的,可以向行政机关提出检察建议。《人民检察院检察建议工作规定》第11条规定:"人民检察院在办理案件中发现社会治理工作存在下列情形之一的,可以向有关单位和部门提出改进工作、完善治理的检察建议:……(四)相关单位或者部门不依法及时履行职责,致使个人或者组织合法权益受到损害或者存在损害危险,需要及时整改消除的;……"根据上述规定,检察机关发现行政机关向人民法院提出强制执行申请存在不当,怠于履行法定职责的,应当向行政机关提出检察建议。对由于行政机关违法行为致使损害持续存在甚至继续扩大的,应当更加重视,优先快速办理,促进行政执行效率提高,及时消除损害、减少损失,维护人民群众的合法权益。本案中,检察机关针对水利局怠于履职行为,依法提出检察建议,促使河道违法建筑物被拆除,保障了行洪、泄洪安全,保护了当地人民群众的生命财产安全。

相关规定

《中华人民共和国行政诉讼法》第二十五条、第九十七条、第一百零一条

《中华人民共和国民事诉讼法》第二百三十五条

《中华人民共和国行政强制法》第四条、第十三条、第三十四条、第四十四条、第五十三条

《中华人民共和国水法》第三十七条、第六十五条

《人民检察院行政诉讼监督规则（试行)》第二十九条

《人民检察院检察建议工作规定》第十一条

第二部分

最高人民检察院
第十五批指导性案例解读

最高人民检察院第十五批指导性案例解读

张相军 胡文正 庞远丽 贾 敏[*]

2019年7月29日，经最高人民检察院第十三届检察委员会第二十二次会议审议通过，9月25日最高人民检察院召开新闻发布会正式发布第十五批指导性案例，包括某实业公司诉某市住房和城乡建设局征收补偿认定纠纷抗诉案、浙江省某市国土资源局申请强制执行杜某非法占地处罚决定监督案、湖北省某县水利局申请强制执行肖某河道违法建设处罚决定监督案共三件指导性案例。这是最高人民检察院首次发布行政检察指导性案例。为促进指导性案例的理解与适用，现就案例中涉及的主要问题和指导要点进行解读。

一、最高人民检察院第十五批指导性案例的发布背景

习近平总书记强调，一个案例胜过一打文件。张军检察长多次强调，要充分发挥案例的示范、引领和指导作用，实现行政检察指导性案例零的突破。进入新的时代，党和人民对加强和改进行政检察工作提出了新的更高要求，通过检察机关内设机构系统性、整体性、重塑性改革，法律监督总体布局实现刑事、民事、行政、公益诉讼"四大检察"并行。面对新的形势，需要通过

---

[*] 最高人民检察院第七检察厅。

加强案例指导、发布指导性案例，引领、指导行政检察变革理念、提升能力和创新发展。

（一）党中央对全面依法治国提出新任务，人民群众对公平正义提出新需求，发布行政检察指导性案例有利于引领、促进依法行政和公正审判，增强人民群众的获得感、幸福感、安全感。行政检察的核心是行政诉讼监督，贯穿行政诉讼活动全过程，既有结果监督，也有程序监督；就其功能来说，是"一手托两家"，一方面监督人民法院公正司法，另一方面促进行政机关依法行政。党的十九大对新时代推进全面依法治国提出新任务，描绘了2035年基本建成法治国家、法治政府、法治社会的宏伟蓝图。在去年8月和今年2月，习近平总书记主持召开中央全面依法治国委员会第一次、第二次会议并发表重要讲话，都对推进全面依法治国提出明确要求。推进全面依法治国，法治政府建设是重点任务。今年的全国"两会"上，李克强总理在政府工作报告中突出强调"政府工作人员要自觉接受法律监督、监察监督和人民监督"，"法律监督"第一次写进政府工作报告；全国人大会议通过的关于高检院工作报告的决议明确要求，"更好发挥人民检察院刑事、民事、行政、公益诉讼各项检察职能"，"四大检察"第一次写进人大决议。人民群众对公平正义的需求在行政案件中得到越来越多的体现，近几年检察机关受理的行政申诉案件大幅度上升。2018年，各级法院审结一审行政案件25.1万件，是2013年12.1万件的2.07倍，与2017年的23.7万件相比，增加5.9%。2018年，检察机关受理的行政裁判结果监督案件同比上升13.8%，2019年1—8月，受理的行政裁判结果监督案件又同比上升了35%。为了贯彻党中央的决策部署，满足人民群众的新期盼，很有必要通过加强案例指导，引领、促进行政机关依法行政和法院公正审判,为社会提供更好的法治产品。

(二)在检察工作整体格局中,行政检察是"弱项中的弱项""短板中的短板",亟须指导性案例引领发展,补齐短板、强化弱项。去年以来,最高人民检察院新一届党组和张军检察长提出做优刑事检察、做强民事检察、做实行政检察、做好公益诉讼检察,实现"四大检察"全面协调充分发展的愿景,检察机关开展了恢复重建40年来最大的系统性、重塑性的内设机构改革,行政检察成为"四轮驱动"的重要一轮。但是,行政检察起步比较晚,无论是理念还是实践、社会影响力,包括重视、投入程度等,和其他检察业务都有明显差距。其他检察监督工作已经到了"好不好"的阶段,而行政检察总体仍处于"有没有"的阶段,多数地方有职能、无机构、无业务、无案件。案例具有示范、引领和指导功能,对推动检察业务发展具有重要作用。在此之前,最高人民检察院已经发布了14批56件指导性案例,但没有一件行政检察的案例。行政检察指导性案例实现"零的突破",有利于引领和促进行政检察创新发展,实现"四大检察"全面协调充分发展。

(三)行政检察工作开展难度大,做实行政检察需要指导性案例引领理念变革和能力提升。为适应新形势,最高人民检察院党组和张军检察长提出做实行政检察的要求,但目前行政检察中存在诸多困难和问题。一方面,行政检察政治性、法律性、政策性强,行政检察监督中存在很多困难,进入检察环节的申请监督案件经过多次审判,错误和违法情形明显减少,检察机关发现问题的难度大;当事人申请监督的很多问题法律没有明确规定,理论界也存在争议,检法统一认识难;大量案件没有经过实体审理,实体错误纠正难度大;行政法律法规体系庞杂,正确适用难度大;

等等。另一方面，以往行政检察工作不够主动，依职权监督案件少；理念落后、监督能力较弱，办案精品意识不强，精细化审查不够，典型性、引领性案件少；坐堂办案，调查核实手段运用不充分；立法精神理解不透彻，法律适用不准确；就案办案，办案与监督相割裂，不善于从个案中发现普遍性问题；生效裁判结果监督是行政检察的主要业务但提出抗诉和再审检察建议数量很少，非诉执行监督已经成为行政检察新的增长点但监督实践还非常薄弱；等等。发布指导性案例并加强学习和运用，对于推动行政检察理念变革，促进监督水平提高、做实行政检察具有重要意义。

二、 最高人民检察院第十五批指导性案例的主要特色

发布的第十五批指导性案例，是最高人民检察院第一次发布行政检察方面的指导性案例，实现了行政检察指导性案例零的突破。这批案例的主要特色有以下几方面：

一是聚焦"两违"等社会热点。"十分珍惜、合理利用土地和切实保护耕地"是我国的基本国策。习近平总书记高度重视耕地保护问题，要求毫不动摇坚持最严格的耕地保护制度和节约用地制度，坚决遏制土地违法行为，牢牢守住耕地保护红线。"两违"问题严重损害有限的土地资源、制约经济发展、影响城市形象，甚至威胁公共安全，影响法律权威和尊严，损害执法司法公信力，人民群众反映强烈，是当前社会治理的难点之一。本批指导性案例全部涉及"两违"问题，对引导全国检察机关加大行政检察监督力度、回应人民群众关切具有积极作用。

二是突出检察监督理念变革。行政检察底子薄，工作开展难度大，长期发展缓慢。新时代行政检察工作要实现创新发展，只有持续更新理念，树牢和践行最高人民检察院新一届党组提出的

"在办案中监督、在监督中办案""精准监督""智慧借助""双赢多赢共赢"等新理念,办案和监督才会有新思路、新方法,才能做实行政检察工作,取得新成效,人民群众才能在行政检察工作中有实实在在的获得感。本批案例突出理念变革和引领,通过鲜活、生动的行政检察实践,诠释新时代检察监督新理念。

三是注重法律适用和办案方法。指导性案例的价值在于指导,生命在于应用。强弱项、补短板、促重点,是编发本批行政检察指导性案例的意义所在。这次选编案例集中在裁判结果监督和行政非诉执行监督这两项业务上,既注重对行政检察"一手托两家"双重监督功能和客观公正监督立场的阐释,又注重对行政强制法、水法等具体疑难法律适用问题的剖析,还注重对依职权监督、调查核实等检察监督方法的示范、引领和指导。这些指导性案例的学习和应用,将有助于提升办案队伍人员的素质和办案质效,提升检察机关行政诉讼监督能力和水平。

四是重视社会治理。党的十八大以来,习近平总书记在一系列重要讲话中提出了创新社会治理的新理念新思想新战略,党的十九大报告也提出打造共建共治共享的社会治理格局。法治是社会治理的基本手段,检察机关的法律监督包括行政检察制度,是具有鲜明中国特色的国家制度和法律制度。办案是检察机关参与社会治理的基本方式,此次发布的指导性案例便是检察机关通过行政非诉执行监督参与社会治理的体现。检察机关坚持个案办理与类案监督、专项活动相结合,一方面通过办理个案促进社会治理,另一方面对于办理个案中发现的普遍性问题,或者一个区域、一个系统存在的普遍性问题,集中开展专项监督活动,推进一个区域或一个系统的社会治理工作,达到办理一案、治理一片、影响一方的监督效果。

三、最高人民检察院第十五批指导性案例的基本案情、要旨和指导意义

（一）某实业公司诉某市住房和城乡建设局征收补偿认定纠纷抗诉案

基本案情：2015年9月，某市政府决定对某片区实施棚户区改造项目房屋征收，市住房和城乡建设局（简称市住建局）依据土地房屋登记卡、测绘报告及房屋分户面积明细表，向某实业公司作出房屋征收补偿面积的复函，认定案涉大厦第四层存在自行加建面积为203.78平方米，第五层存在自行加建面积为929.93平方米，对自行加建部分按照建安成本给予某实业公司补偿。实业公司不服，认为第四层的203.78平方米和第五层的187.26平方米是规划许可允许建造且在案涉大厦建成时一并建造完成，并系经过法院裁定、判决而合法受让，遂向该市某区人民法院起诉，请求：确认复函违法并撤销；确认争议部分建筑合法并按非住宅房屋价值给予补偿。

2016年8月1日，区人民法院作出行政判决，认为：案涉大厦目前尚未取得房屋所有权证，应当以规划许可的建筑面积来认定是否属于自行加建面积。土地房屋登记卡记载的面积，连同第四层和第五层的争议面积，共计5560.55平方米，未超过规划许可证件载明的面积5674.62平方米，应当认定争议建筑具有合法效力。某测绘公司2011年11月13日受法院委托，对案涉大厦进行测绘后出具了测绘报告，2015年12月25日该测绘公司受市政府委托对该大厦测绘后出具测绘报告及房屋分户面积明细表，二者相互矛盾，2011年测绘报告被市中级人民法院另案判

决采信在先，其证明效力应当优于 2015 年出具的房屋分户面积明细表，因此对市住建局复函依据的房屋分户面积明细表不予采信。该判决还认为：该市中级人民法院另案民事判决将争议建筑作为合法财产分割归某实业公司所有，是发生法律效力的物权设立决定，应当认定争议的面积不是自行加建的面积。遂判决确认市住建局复函违法，责令其对争议部分建筑按非住宅房屋的补偿标准给予安置补偿或者货币补偿。

一审判决后，双方当事人均未提起上诉，也未申请再审。

该案例主要阐明：人民检察院办理行政诉讼监督案件，应当秉持客观公正立场，既保护行政相对人的合法权益，又支持合法的行政行为。依职权启动监督程序，不以当事人向人民法院申请再审为前提。认为行政判决、裁定可能存在错误，通过书面审查难以认定的，应当进行调查核实。

该案例检察机关的监督情况：

1. **线索发现。**2018 年 4 月，该市人民检察院在处理当事人来函信件中发现该案判决可能存在错误，非住宅补偿标准（每平方米约 3 万元）与建安成本（每平方米约 2000 元）差距巨大，如果按照判决进行补偿，不仅放纵违法建设行为，而且政府将多支付补偿款 1000 余万元，严重损害国家利益，根据《人民检察院行政诉讼监督规则（试行）》第 9 条第 1 项之规定，决定依职权启动监督程序。

2. **调查核实。**市人民检察院在审查案件过程中，发现一审期间某实业公司提供的案涉大厦规划许可证件、复印件是判决的关键证据之一，与其他证据存在矛盾，遂开展了以下调查核实工作：一是向法院调取案件卷宗材料；二是向市规划委员会、市不动产登记中心等单位调取规划许可证件及相关文件；三是向市不动产登记中心等单位及工作人员询问了解规划许可证件等文件复印件的来源和审核情况。经对以上材料进行审查和比对，发现法院卷宗中的规划许可证件等文件复印件记载的面积与市规划委员会保存的规划许可证件等文件原件记载的面积不一致。最终查明：某实业公司向法院提供的规划许可证件等三份文件复印件，是从市不动产登记中心查询复印的，而该中心保存的这三份材料又是某实业公司在申请办理房证时提供的复印件。市规划委员会于2018年7月19日向人民检察院出具的《关于协助说明规划许可相关内容的复函》证明：案涉大厦建筑规划许可总建筑面积为5074.62平方米。据此认定，某实业公司提供的规划许可证件等三份文件复印件中5674.62平方米的面积系经涂改，规划许可的建筑面积应为5074.62平方米，二者相差600平方米。

3. 监督意见。市人民检察院审查后，认为区人民法院行政判决认定事实的主要证据系变造，且事实认定和法律适用存在错误。第一，2015年测绘报告的房屋分户面积明细表是受市人民政府委托，为了征收某片区棚户区改造项目房屋，对整个大厦建筑面积包括合法、非法加建面积而进行的测绘，应当作为认定争议面积是否属于合法建筑面积的依据。而2011年测绘报告则是另案为了处理有关当事人关于某酒店共有产权民事纠纷而进行的测绘，未就争议建筑部分是否合法予以认定或区分，不应作为认定建筑是否合法的依据。第二，根据检察机关调查核实情况，判决认定规划许可面积错误，以此为标准认定实际建筑面积未超过规划许可面积也存在错误。第三，根据市国土局土地房屋登记卡及附件、2015年测绘报告的房屋分户面积明细表等证据，应当认定第四层、第五层存在擅自加建。第四，另案民事判决是对房屋权属进行的分割和划分，不应当作为认定建筑是否合法的依据。判决认定争议建筑不是自行加建,存在错误。市人民检察院遂于2018年11月22日依法向市中级人民法院提出抗诉。

4. 监督结果。市中级人民法院经过审查,于2018年12月3日作出行政裁定书,指令某区人民法院再审。2019年1月8日,某实业公司向某区人民法院提交撤诉申请。某区人民法院依照《中华人民共和国行政诉讼法》第62条之规定,裁定:(1)撤销本院原行政判决书;(2)准许某实业公司撤回对市住建局的起诉。

2019年3月6日,市中级人民法院对某实业公司另案起诉的市住建局强制拆除行为违法及赔偿纠纷案作出终审行政判决,认定某实业公司提交的案涉大厦规划许可证件等文件中5674.62平方米是经涂改后的面积,规划许可建筑面积应为5074.62平方米。某实业公司对法院认定的上述事实无异议。该案最终判决驳回某实业公司的诉讼请求。对变造证据行为的责任追究,另案处理。

该案例的指导意义:

一是人民检察院办理行政诉讼监督案件,应当秉持客观公正立场,既注重保护公民、法人和其他组织的合法权益,也注重支持合法的行政行为,保护国家利益和社会公共利益。人民检察院行政诉讼监督的重要任务是维护社会公平正义,监督人民法院依法审判和执行,促进行政机关依法行政。人民检察院是国家的法律监督机关,应当居中监督,不偏不倚,依法审查人民法院判决、裁定所基于的事实根据和法律依据,发现行政判决、裁定确有错误,符合法定监督条件的,依法提出抗诉或再审检察建议。本案中,人民检察院通过抗诉,监督人民法院纠正了错误判决,保护了国家利益,维护了社会公平正义。

二是人民检察院依职权对行政裁判结果进行监督，不以当事人申请法院再审为前提。按照案件来源划分，对行政裁判结果进行监督分为当事人申请监督和依职权监督两类。法律规定当事人在申请检察建议或抗诉之前应当向法院提出再审申请，目的在于防止当事人就同一案件重复申请、司法机关多头审查。人民检察院是国家的法律监督机关，是公共利益的代表，担负着维护司法公正、保证法律统一正确实施、维护国家利益和社会公共利益的重要任务，对于符合《人民检察院行政诉讼监督规则（试行）》第9条规定的行政诉讼案件，应当从监督人民法院依法审判、促进行政机关依法行政的目的出发，充分发挥检察监督职能作用，依职权主动进行监督，不受当事人是否申请再审的限制。本案中，虽然当事人未上诉也未向法院申请再审，但人民检察院发现存在损害国家利益的情形，遂按照《人民检察院行政诉讼监督规则（试行）》第9条第1项的规定，依职权启动了监督程序。

三是人民检察院进行行政诉讼监督，通过书面审查卷宗、当事人提供的材料等对有关案件事实难以认定的，应当进行调查核实。《人民检察院组织法》规定，人民检察院行使法律监督权，可以进行调查核实。办理行政诉讼监督案件，通过对卷宗、当事人提供的材料等进行书面审查后，对有关事实仍然难以认定的，为查清案件事实，确保精准监督，应当进行调查核实。根据《人民检察院行政诉讼监督规则（试行）》等相关规定，调查核实可以采取以下措施：（1）查询、调取、复制相关证据材料；（2）询问当事人或者案外人；（3）咨询专业人员、相关部门或者行业协会等对专门问题的意见；（4）委托鉴定、评估、审计；（5）勘验物证、现场；（6）查明案件事实所需要采取的其他措施。调查核实的目的在于查明人民法院的行政判决、裁定是否存在错误,审判和执行活动是否符合法律规定,为决定是否监督提供依据和参考。本案中,市住建局作出复函时已有事实根据和法律依据,并在诉讼中及时向法庭提交,但法院因采信原告提供的虚假证据作出了错误判决。检察机关通过调查核实,向原审人民法院调取案件卷宗,向规划部门调取规划许可证件等文件原件,向出具书证的不动产登记中心及工作人员了解询问规划许可证件等文件复印件的形成过程,进而查明原审判决采信的关键证据存在涂改,为检察机关依法提出抗诉提供了根据。

(二)浙江省某市国土资源局申请强制执行杜某非法占地处罚决定监督案

基本案情:2014年5月,浙江省某市某区某镇村民杜某未经批准,擅自在该村占用土地681.46平方米,其中建造活动板房112.07平方米,硬化水泥地面569.39平方米。市国土资源局认为杜某的行为违反了《中华人民共和国土地管理法》和《基本农田保护条例》规定,根据《中华人民共和国土地管理法》第76条、《中华人民共和国土地管理法实施条例》第42条及《浙江省国土资源行政处罚裁量权执行标准》规定,作出行政处罚决定:(1)责令退还非法占用土地681.46平方米;(2)对其中符合土地利用总体规划的45.46平方米土地上的建筑物和设施,予以没收;(3)对不符合土地利用总体规划的636平方米土地(基本农田)上的建筑物和设施,予以拆除;(4)对非法占用规划内土地45.46平方米的行为处以每平方米11元的罚款,非法占用规划外土地636平方米的行为处以每平方米21元的罚款,共计人民币13856.06元。杜某在规定的期限内未履行该处罚决定第3项和第4项内容,亦未申请行政复议或提起行政诉讼,经催告仍未履行。市国土资源局遂于2017年7月21日向某市某区人民法院申请强制执行杜某违法占地行政处罚决定第 3 项和第 4 项内容。某区人民法院立案受理后，于 2017 年 7 月 25 日作出行政裁定书，裁定准予执行市国土资源局行政处罚决定第 3 项内容，并由某镇政府组织实施。某镇政府未在法定期限内执行法院裁定。

该案例主要阐明：人民检察院行政非诉执行监督要发挥监督法院公正司法、促进行政机关依法行政的双重监督功能。发现人民法院对行政非诉执行申请裁定遗漏请求事项的，应当依法监督。对于行政非诉执行中的普遍性问题，可以以个案为切入点开展专项监督活动。

该案例检察机关的监督情况：

1. 线索发现。某区人民检察院在办理其他案件过程中发现该案线索。经初步调查了解，某镇政府未根据法院裁定书内容组织实施拆除，土地未恢复至复耕条件，杜某也未履行缴纳罚款的义务，遂依职权启动监督程序。

2. 调查核实。根据案件线索，检察机关重点开展了以下调查核实工作：一是向法院调阅了案件卷宗材料；二是向当地国土管理部门工作人员了解案涉行政处罚决定执行情况和申请法院强制执行的情况；三是检察人员到违法占地现场进行实地查看。最终查明：市国土资源局的行政处罚决定有充分的事实根据，申请法院强制执行符合法律规定，目前行政处罚决定中罚款仍未缴纳，法院裁定拆除的地上建筑物和设施亦未被拆除。

3. 监督意见。2018 年 5 月，某区人民检察院分别向某区人民法院和某镇政府提出检察建议，建议某区人民法院查明该案未就行政处罚决定第 4 项罚款作出裁定的原因，并依法处理；建议某镇政府查明违法建筑物和设施未拆除的原因，并依法处置。

4. 监督结果。某区人民法院收到检察建议后于 2018 年 5 月 30 日作出补充裁定，准予强制执行市国土资源局作出的 13856.06 元罚款决定，7 月该款执行到位。某镇政府收到检察建议后，迅速行动，案涉违法建筑物和设施于 2018 年 7 月被拆除。

5. 专项监督。某区人民检察院在办理该案过程中，发现农村违法占地行政处罚未执行到位问题突出，遂决定就国土资源领域行政非诉执行开展专项监督活动，共监督法院裁定遗漏强制执行请求事项等案件 17 件，乡镇街道未执行法院裁判文书确定的义务案件 18 件。某市人民检察院通过认真研究后发现辖区内类似问题较多，遂于 2018 年 5 月在全市检察机关开展专项监督活动。截至 2019 年 2 月专项活动结束时，通过检察机关监督，全市共整治拆除各类违法建筑物及设施 45.5 万平方米，恢复土地原状 23 万平方米，退还非法占用土地 21.7 万平方米。某市中级人民法院针对检察机关专项监督活动中发现的问题，在全市法院系统开展专项评查，有效规范了行政非诉执行的受理、审查和实施等活动。

该案例的指导意义：

一是人民检察院履行行政非诉执行监督职能，应当发挥既监督人民法院公正司法又促进行政机关依法行政的双重功能，实现双赢多赢共赢。行政非诉执行监督对于促进人民法院依法、公正、高效履行行政非诉执行职能，促进行政机关依法履行职责，维护公共利益和社会秩序，保护公民、法人和其他组织的合法权益，具有重要作用。人民检察院对人民法院行政非诉执行的受理、审查和实施等各个环节开展监督，针对存在的违法情形提出检察建议，有利于促进人民法院依法审查行政决定、正确作出裁定并实施，防止对违法的行政决定予以强制执行，保护行政相对人的合法权益。开展行政非诉执行监督，应当注意审查行政行为的合法性，包括是否具备行政主体资格、是否明显缺乏事实根据、是否明显缺乏法律法规依据、是否损害被执行人合法权益等。对于行政行为明显违法，人民法院仍裁定准予执行的，应当向人民法院和行政机关提出检察建议予以纠正，防止被执行人合法权益受损。对于行政行为符合法律规定的，应当引导行政相对人依法履行法定义务，支持行政机关依法行政。

二是人民法院对行政非诉执行申请裁定遗漏请求事项的，人民检察院应当依法提出检察建议予以监督。根据《中华人民共和国行政强制法》第57条和第58条的规定，人民法院受理行政机关强制执行申请后进行书面审查，应当对行政机关提出的强制执行申请请求事项作出是否准予执行的裁定。本案中，市国土资源局向区人民法院申请强制执行的项目中包括强制执行13856.06元罚款，但区人民法院却未对该请求事项予以裁定，致使罚款无法通过强制执行方式收缴，影响了行政决定的公信力。人民检察院应当对人民法院遗漏申请事项的裁定依法提出检察建议予以纠正。

三是人民检察院应当坚持在办案中监督、在监督中办案的理念，在办理行政非诉执行监督案件过程中，注重以个案为突破口，积极开展专项活动，促进一个区域内一类问题的解决。人民检察院履行行政非诉执行监督职责，要注重举一反三，深挖细查，以小见大，以点带面，针对人民法院行政非诉执行受理、审查和实施等各个环节存在的普遍性问题开展专项活动，实现办理一案、影响一片的监督效果。某市两级检察机关在成功办理本案的基础上，开展专项监督活动，有力推进了全市国土资源领域"执行难"等问题的解决，促进了行政管理目标的实现。市中级人民法院针对检察机关专项监督活动中发现的问题，在全市法院系统开展专项评查，规范了行政非诉执行活动。

（三）湖北省某县水利局申请强制执行肖某河道违法建设处罚决定监督案

基本案情：2011年9月，湖北省某县村民肖某未经许可，擅自在某水库库区（河道）管理范围内316国道某大桥下建房（房基）5间，占地面积289.8平方米。2011年11月3日，某县水利局根据《中华人民共和国水法》第65条作出《行政处罚决定书》，要求肖某立即停止在桥下建房的违法行为，限7日内拆除所建房屋，恢复原貌；罚款5万元；并告知肖某不服处罚决定申请复议和提起诉讼的期限，注明期满不申请复议、不起诉又不履行处罚决定，将依法申请人民法院强制执行。肖某在规定的期限内未履行该处罚决定，亦未申请复议或提起行政诉讼。2012年3月29日，县水利局向法院申请强制执行。2012年4月23日，县人民法院作出行政裁定书，裁定准予执行行政处罚决定，责令肖某履行处罚决定书确定的义务。但肖某未停止违法建设，截至2017年4月，肖某已在河道区域违法建成四层房屋，建筑面积约520平方米。

该案例主要阐明：办理行政非诉执行监督案件，应当查明行政机关对相关事项是否具有直接强制执行权，对具有直接强制执行权的行政机关向人民法院申请强制执行，人民法院不应当受理而受理的，应当依法进行监督。人民检察院在履行行政非诉执行监督职责中，发现行政机关的行政行为存在违法或不当履职情形的，可以向行政机关提出检察建议。

该案例检察机关的监督情况：

1. 线索发现。县人民检察院于 2017 年 4 月通过某日报《"踢皮球"执法现象何时休？》的报道发现案件线索，依职权启动监督程序。检察机关经调查发现，肖某在河道内违法建设的行为持续多年，违反了国家河道管理规定，违法建筑物严重影响行洪、防洪安全。水利局和法院对违法建筑物未被强制拆除的原因则各执一词。法院认为，对违反水法的建筑物，水利局是法律明确授予强制执行权的行政机关，法院不能作为该案强制执行主体。但水利局认为，其没有强制执行手段，应当由法院强制执行。

2. 监督意见。检察机关审查认为：法律没有赋予水利局采取查封、扣押、冻结、划拨财产等强制执行措施的权力，对于不缴纳罚款的，水利局可以向法院申请强制执行；但根据行政强制法和水法等相关规定，水利局对于河道违法建筑物具有强行拆除的权力，不应当向法院申请强制执行。因此，水利局向法院申请执行行政处罚决定中的拆除违法建筑物部分，法院不应当受理而受理并裁定准予执行，违反法律规定。县人民检察院于 2017 年 5 月向县水利局提出检察建议，建议其依法强制拆除违法建筑物；同年 8 月向县人民法院提出检察建议，建议其依法履职、规范行政非诉执行案件受理等工作。

3. 监督结果。县水利局收到检察建议后，立即向当地党委政府报告。在县委、县政府的大力支持下，河道违法建筑物被依法拆除。县人民法院收到检察建议后，回复表示今后要加强案件审查，对行政机关具有强制执行权而向法院申请强制执行的案件裁定不予受理。

该案例的指导意义：

一是人民检察院办理行政非诉执行监督案件，应当依法查明行政机关对相关事项是否具有直接强制执行权。我国行政强制法规定的行政强制执行，包括行政机关直接强制执行和行政机关申请人民法院强制执行两种类型。法律赋予某些行政机关以直接强制执行权的主要目的是提高行政效率，及时执行行政决定。如果行政机关有直接强制执行权，又向人民法院申请执行，不但浪费司法资源，而且容易引起相互推诿，降低行政效率。人民检察院办理行政非诉执行监督案件，应当查明行政机关是否具有直接强制执行权，对具有直接强制执行权的行政机关向人民法院申请强制执行，人民法院不应当受理而受理的，应当依法进行监督。《中华人民共和国水法》第65条第1款规定，"在河道管理范围内建设妨碍行洪的建筑物、构筑物，或者从事影响河势稳定、危害河岸堤防安全和其他妨碍河道行洪的活动的，由县级以上人民政府水行政主管部门或者流域管理机构依据职权，责令停止违法行为，限期拆除违法建筑物、构筑物，恢复原状；逾期不拆除、不恢复原状的，强行拆除……"根据上述规定，对河道管理范围内妨碍行洪的建筑物、构筑物，水行政主管部门具有直接强行拆除的权力。但在本案中，水利局本应直接强制执行，却向人民法院申请执行，人民法院不应当受理而受理、不应当裁定准予执行而裁定准予执行，致使两个单位相互推诿，河道安全隐患长期得不到消除，人民检察院依法提出检察建议，促进了问题的解决。

二是人民检察院在履行行政非诉执行监督职责中，发现行政机关的行政行为存在违法或不当履职情形的，可以向行政机关提出检察建议。《人民检察院检察建议工作规定》第11条规定，

"人民检察院在办理案件中发现社会治理工作存在下列情形之一的,可以向有关单位和部门提出改进工作、完善治理的检察建议:……(四)相关单位或者部门不依法及时履行职责,致使个人或者组织合法权益受到损害或者存在损害危险,需要及时整改消除的;……"根据上述规定,检察机关发现行政机关向人民法院提出强制执行申请存在不当,怠于履行法定职责的,应当向行政机关提出检察建议。对由于行政机关违法行为致使损害持续存在甚至继续扩大的,应当更加重视,优先快速办理,促进行政执行效率提高,及时消除损害、减少损失,维护人民群众的合法权益。本案中,检察机关针对水利局怠于履职行为,依法提出检察建议,促使河道违法建筑物被拆除,保障了行洪、泄洪安全,保护了当地人民群众的生命财产安全。

加强案例指导，做实行政检察

——最高人民检察院第十五批指导性案例及行政检察典型案例理解与适用[*]

时间地点：2019 年 9 月 25 日　最高人民检察院

内容：最高人民检察院召开"加强案例指导，做实行政检察"主题新闻发布会，通报行政检察工作，发布最高人民检察院第十五批指导性案例和 6 起典型案例，并回答记者提问。

出席人员：张雪樵　最高人民检察院副检察长
　　　　　　张相军　最高人民检察院第七检察厅厅长
　　　　　　张步洪　最高人民检察院第七检察厅副厅长

主持人：肖　玮　最高人民检察院新闻发言人

[**肖玮**] 各位记者朋友，上午好！欢迎参加最高人民检察院新闻发布会。

今天发布会将围绕"加强案例指导，做实行政检察"这一主题，发布最高人民检察院第十五批指导性案例和 6 起典型案例。共有三项议程：一是通报行政检察工作和指导性案例、典型案例的相关情况；二是发布第十五批指导性案例和 6 起典型案例；三是回答记者提问。

---

[*] 该部分选自最高人民检察院"加强案例指导，做实行政检察"主题新闻发布会内容，收录本书时略有修改。

出席今天发布会的是：最高人民检察院副检察长张雪樵，最高人民检察院第七检察厅厅长张相军、副厅长张步洪。

今天的发布会有两个"首次"：专门负责行政检察职能的业务部门——最高检第七检察厅首次亮相最高检新闻发布会；最高检首次发布行政检察指导性案例，实现"零"的突破。

行政检察是"四大检察"重要的"四轮驱动"之一，"做实"行政检察要坚持以办案为中心，在办案中监督、监督中办案，通过办理一件件实实在在的案件，监督行政诉讼、纠正行政非诉执行等方面存在的突出问题。

行政检察指导性案例和典型案例虽然在遴选程序、法律效力上有一定差别，但在规范检察官行政法律监督行为、促进法律统一正确适用、提升行政检察监督素养等方面都有积极作用，都会让人民群众有更多的获得感和幸福感。

现在进行第一项议程，请张雪樵副检察长通报行政检察工作和指导性案例、典型案例的相关情况。

[张雪樵] 行政检察既监督人民法院行政审判和执行活动，又促进行政机关依法行政，是检察机关法律监督职能的重要组成部分。2018年以来，最高检新一届党组深入贯彻落实习近平总书记全面依法治国新理念、新思想、新战略，主动适应新时代人民群众新需求、新期盼，明确刑事检察、民事检察、行政检察、公益诉讼检察"四大检察"全面协调充分发展的战略布局，强调要做实行政检察工作，成立第七检察厅专司行政检察职责，为补齐行政检察短板指明了方向，奠定了基础。

行政检察的核心是行政诉讼监督，主要包括生效裁判结果监督、审判人员违法行为监督、执行活动监督三项业务。

今年1—8月，各项业务的案件受理数和提出监督意见数均呈现上升态势。全国检察机关共受理各类行政诉讼监督案件1.5万余件，同比上升70%。其中：受理裁判结果监督案件8000余件，同比上升35%；提出抗诉和再审检察建议90余件，同比上升2%。受理审判人员违法行为监督案件700余件，同比上升60%；提出检察建议490余件，同比上升71%。受理执行活动监督案件6900余件，同比上升148%；提出检察建议5400余件，同比上升206%。

各级检察机关在依法监督错误裁判和违法行为的同时，对事实认定正确、法律适用准确、程序合法的案件，依法作出不支持监督申请决定6000余件，并积极做好释法说理、公开听证、促进和解、息诉服判等工作，维护司法权威和政府公信力，维护人民群众的合法权益。

办案是检察机关最好的名片。张军检察长多次强调，要充分发挥案例的示范、引领和指导作用，实现行政检察指导性案例零的突破。通过广泛征集，精心挑选，经最高检案例指导委员会讨论并经检察委员会审议通过，最终确定了最高检第十五批指导性案例，即3件行政检察指导性案例。与此同时，最高检第七检察厅还选编了5件违法占地行政非诉执行监督典型案例、1件公开听证的行政诉讼监督典型案例，一同发布。下面我向大家作个简要通报。

一、为什么发布本批行政检察指导性案例和典型案例

（一）回应社会热点问题。"十分珍惜、合理利用土地和切实保护耕地"是我国的基本国策。习近平总书记高度重视耕地保护问题，要求毫不动摇坚持最严格的耕地保护制度和节约用地制度，坚决遏制土地违法行为，牢牢守住耕地保护红线。

近年来，一些地方违法占地和违法建设问题比较突出，严重

损害有限的土地资源、制约经济发展、影响城市形象，甚至威胁公共安全，影响法律权威和尊严，损害执法司法公信力，人民群众反映强烈，是当前社会治理的难点之一。

全国检察机关认真贯彻党中央的要求，坚持以人民为中心，主动服务党和国家工作大局，密切关注"两违"行政案件，集中精力办理了一批行政诉讼监督案件，促进法院公正审判和执行，促进行政机关依法履行职责，保护人民群众合法权益。本批指导性案例和典型案例中有8件涉及"两违"问题，对引导全国检察机关加大监督力度、回应人民群众关切具有积极作用。

（二）突出理念变革和引领。行政检察底子薄，工作开展难度大，长期发展缓慢。新时代行政检察工作要实现创新发展，只有持续更新理念，树牢和践行最高检新一届党组提出的"在办案中监督、在监督中办案""精准监督""智慧借助""双赢多赢共赢"等新理念，办案和监督才会有新思路、新方法，才能做实行政检察工作，取得新成效，人民群众才能在行政检察工作中有实实在在的获得感。本批案例突出理念变革和引领，通过鲜活、生动的行政检察实践，诠释新时代检察监督新理念。

（三）注重发挥案例的示范、引领和指导作用。指导性案例和典型案例的价值在于指导，生命在于应用。强弱项、补短板、促重点，是编发本批行政检察指导性和典型案例的意义所在。裁判结果监督是行政检察的主要业务和薄弱环节，行政非诉执行监督是基层行政检察的工作重点和新的增长点，这次选编案例集中在这两项业务上，既注重对依职权监督、调查核实、个案监督与专项监督相结合等检察监督方法的示范、引领和指导，又注重对办理违法占地类非诉执行监督案件的示范、引领和指导，还注重对落实公开听证、促进行政和解等新要求的示范、引领和指导。

这些指导性案例和典型案例的学习和应用，将有助于提升检察机关行政诉讼监督能力和水平。

二、案例简要情况

这次发布的最高检第十五批指导性案例，是行政检察的第一批指导性案例，均为"两违"领域案件，其中生效裁判监督类案例1件，非诉执行监督类案例2件。

（一）某公司诉某市住建局征收补偿认定纠纷抗诉案。某市住建局在房屋征收补偿面积的复函中，认定某公司大厦存在自行加建面积。法院一审判决复函违法，对争议部分建筑按非住宅房屋的补偿标准给予补偿。检察机关发现该案判决存在错误，将造成1000余万元的国家财产损失，遂依职权启动监督程序，抗诉后法院裁定撤销原判决。该案主旨有三项：一是人民检察院办理行政诉讼监督案件，应当秉持客观公正立场。二是依职权启动监督程序，不以当事人申请法院再审为前提。三是有关案件事实通过书面审查难以认定的，应当进行调查核实。

（二）某市国土局申请强制执行杜某非法占地处罚决定监督案。杜某非法占用土地，且未履行拆除违法建筑物及罚款的处罚决定，国土局申请法院强制执行，法院仅裁定准予执行拆除，并由镇政府组织实施，但未对罚款请求项作出裁定。镇政府亦未按照法院裁定组织拆除。检察机关依法对法院和行政机关提出检察建议。后法院作出强制执行罚款决定的补充裁定，镇政府也组织力量拆除了违法建筑物。检察机关以个案为切入点开展专项监督，推动全市整治拆除各类违法建筑物及设施。该案主旨有三项：一是人民检察院行政非诉执行监督要发挥监督人民法院公正司法、促进行政机关依法行政的双重监督功能。二是发现人民法院裁定中遗漏行政非诉执行申请事项的，应当依法监督。三是对于非诉执行中的普遍性问题，以个案为切入点开展专项监督。

（三）某县水利局申请强制执行肖某河道违法建设处罚决定监督案。肖某在河道中违法建房，某县水利局作出责令拆除和罚款决定后，申请法院强制执行，法院裁定准予强制执行，但法院和水利局都认为对方是强制执行的主体，互相推诿，导致违法建设持续多年，严重影响行洪、防洪安全。检察机关查明水利局具有强制拆除河道违法建筑的法定职权，不应向法院申请强制执行，法院受理存在不当。经检察院监督，法院和水利局均接受检察建议，违法建筑被拆除。该案主旨有两项：一是办理行政非诉执行监督案件，应当查明行政机关对相关事项是否具有强制执行权，对具有强制执行权的行政机关向人民法院申请强制执行，人民法院不应当受理而受理并裁定准予执行的，应当依法进行监督。二是发现行政机关的行政行为存在违法或不当履职情形的，可以向行政机关提出检察建议。

除了上述3件指导性案例，我们还选编发布了5件违法占地非诉执行监督典型案例。这些案例基本涵盖了违法占地类行政非诉执行受理、审查、裁定、执行的全过程；同时，通过阐释违法占地的危害性，对社会也有警示和教育意义。另外，我们还特别选编发布了1件公开听证的行政检察典型案例，检察机关采取公开听证的形式审查案件，有利于以公开促公正、赢公信，推动行政争议的实质性化解。

三、加强案例指导、做实行政检察的下一步打算

习近平总书记强调，一个案例胜过一打文件。截至目前，最高检已经发布十五批指导性案例，涵盖了"四大检察"。做实行政检察，检察机关要用好、用足指导性案例和典型案例，进一步提升办案质效和行政检察监督能力。

一是践行精准监督,着力培育精品案例。增强办理指导性案例意识,健全以"精准化"为导向的工作机制,完善精细化审查模式,加强对案件事实的调查核实,深入研究法律适用问题,朝着指导性案例指明的方向、规则去办理,做到精准监督,把案件办成精品,做一件成一件,成一件影响一片。

二是强化案例指导,提升监督能力。发挥指导性案例和典型案例在规范检察官监督行为、指导类似案件办理、促进法律统一正确适用等方面的作用,一方面认真选好指导性案例和典型案例,加大案例的发布频次,着力解决监督工作中的难题;另一方面加强对指导性案例的学习研究,通过精研案例,"解剖麻雀",提升行政检察监督素养和能力。

三是加强以案释法,促进社会治理。要落实"谁执法谁普法"的普法责任制,发挥行政检察指导性案例和典型案例在以案释法、促进公正司法和依法行政方面的作用,聚焦人民群众关心关注的热点焦点问题和社会治理的重点难点问题,办理和发布指导性和典型案例,引导公众尊法、学法、守法、用法,促进有关部门依法履行职责,促进社会治理现代化、法治化。

案例是最鲜活的法治教材,是最生动的法治教科书。全国检察机关行政检察部门将以这次案例发布为契机,大力加强案例指导工作,切实提高行政检察工作质效,为人民群众提供更加优质的检察产品。

[**肖玮**] 谢谢张雪樵副检察长。

下面进行第二项议程,发布最高人民检察院第十五批指导性案例和6起典型案例。这些案例已经作为新闻发布会材料(二)、材料(三)印发给大家,请大家全面关注。

接下来进行第三项议程,请各位记者朋友提问。

[新华社] 行政检察是"四大检察"的重要一项,与其他检察业务相比,较为薄弱,请问检察机关如何推进这方面的工作?

[张雪樵] 谢谢新华社记者的提问。最高人民检察院新一届党组提出行政检察与刑事检察、民事检察、公益诉讼检察"四大检察"全面协调充分发展的新目标新要求。行政检察的确在以往工作当中是弱项中的弱项,短板中的短板,相对来说,行政检察监督的案件比较少,影响也是不够大。

为什么党组提出"四大检察"全面协调充分发展?这是认真学习和贯彻落实习近平新时代中国特色社会主义思想,特别是习近平总书记全面依法治国新理念新思想新战略,适应人民群众对民主、法治、公平、正义、安全、环境的新需求。当下,人民群众对执法不作为、乱作为以及司法不公的意见比较集中,应当成为我们厉行法治的聚焦点和发力点。

张军检察长提出,行政检察是"一手托两家"。"托"是托举,也是监督,监督的同时也是支持。也就是说,行政检察同时承担着双重监督任务,一方面监督司法机关审理行政诉讼案件是否公正;另一方面也要监督行政机关的行政行为是否违法。

根据我们现在的工作量来看,2018年全国法院审理行政诉讼案件25.1万件,但是到检察院申诉9350件,占比不到4%。25万件中,行政机关败诉只有11%左右,相当一部分的案件原告没有胜诉,但是绝大多数也没有到检察机关申诉。这反映了败诉的当事人可能不知道检察机关行政检察监督这个职能,或者是没有信心、不信任。

有的当事人打官司告到法院,打了四五年打了一圈,案结事不了,程序空转,老问题得不到解决,所以不相信行政诉讼能解决问题、解决纠纷,走上信访不信法的路,宁可上访也不愿意去依靠行政抗诉来解决问题。

还有一些当事人打官司，怕得罪行政机关，不敢申诉。所有这些反映出当事人不会申诉、不信申诉、不敢申诉的问题，恰是群众对法治需求上的难点、痛点、堵点，没有绿色通道，反过来也说明检察机关按照法律赋予的行政诉讼监督职能还没有履行好，与人民群众的需求还有很大的差距。

新一届党组适应人民群众新时代法治新需求，落实好党中央对全面依法治国的新要求，提出了行政检察与其他三大检察一起全面协调充分发展的目标，为了这个目标我们要科学把握好行政检察工作的新格局。

此外，我们今天发布的案例也是一个导向。一个是要立足行政诉讼监督职能，短板要补齐，行政诉讼监督是行政检察工作的核心，把行政诉讼在法治建设当中面临的难题作为加强我们行政检察工作的着力点，把当事人对依法维权的不信赖问题的彻底根治，把信访不信法的老大难问题的解决，作为我们行政检察健康发展的重要动力。

要落实好最高检党组提出来的"稳进、落实、提升"总基调，把化解行政争议、解决老百姓合法诉求作为行政检察监督的落脚点，把提升我们办案队伍人员的素质作为重要抓手，提高我们的办案能力，加强岗位练兵，包括这次指导性和典型案例的发布，都是促进行政检察人员提高办案水平的途径。对这个问题我给大家介绍到这里。谢谢。

[肖玮] 下面请继续提问。

[中央人民广播电台] 与其他检察业务相比，行政检察专业性很强，很多人会觉得行政检察离老百姓生活比较远，无法深切感知行政检察监督的效果。那么，行政检察是如何体现以人民为

中心、保护人民群众利益的？对于行政检察监督过程中发现伪造、涂改证据的线索是否会移交相关部门处理？

[张雪樵] 谢谢记者提问，我现在回答你第一个问题，关于我们行政检察怎么服务群众，体现以人民为中心的宗旨和理念。

法律赋予检察机关行政检察监督职能。我国行政诉讼法第1条就规定行政诉讼的任务是解决行政争议，保护公民、法人和其他组织的合法权益，监督行政机关依法行使行政职权。

法治的精神，一是对公民合法权益的保护，二是对公权力的监督，这两点的落脚点就是要解决行政争议。但是我们现在的行政诉讼制度遵循了司法不干预行政权的原则，一般在法院审查当中，重点放在行政行为是不是合法，而没有放在行政相对人的诉求有没有得到实际解决上。行政诉讼的案子结了，但是行政相对人具体的诉求却没有得到解决。

我们所说的以目标为引领，目标就是顺应人民群众对民主、法治、公平、正义的新需求，以问题为导向，针对行政诉讼的制度存在程序空转、案结事不了的问题，不能在诉讼的程序当中解决行政相对人具体诉求的问题，我们检察机关行政检察工作就是要把行政相对人的具体诉求、合法权益的救济作为行政检察工作的牛鼻子，老百姓需要解决什么问题就是我们工作努力的方向。

所以，我们接下来要以行政诉讼监督为基石，要把实质性化解行政争议作为行政检察监督的首要任务，办理一个案件就是要争取解决一位当事人的具体问题、具体诉求。通过一件件的案子成为案例来树立导向。一定要把当事人具体的问题作为我们司法工作的着力点和有力抓手，不回避矛盾，把当事人的难点作为我们的硬骨头案件盯住不放，特别要发挥检察机关的一体化优势。

最高人民检察院现在已经开始改革办案的一些流程，以前对行政诉讼监督案件一般只做书面审查,该抗的抗,不该抗的就不监督。现在对每一件不符合抗诉标准的案件,要求承办检察官去和基层检察院的同志一起了解当事人为什么申诉,具体请求是什么,比如为什么没有解决被拆掉房子的补偿问题,差距在哪里?原因在哪里?要求到地方一起解决,一起跟进,有的还要面对面与行政机关的同志沟通。

检察机关一定要发挥定分止争的功能,来弥补行政诉讼制度的短板,通过化解争议节约司法资源提升司法公正的影响和效果。具体抓手就是要通过发挥诉讼监督职能的优势,运用调查核实手段来化解行政争议。另外,通过监督、抗诉促调解、和解,要与法院、行政机关和其他社会组织等部门形成合力。尤其要盯住一些老案、积案和长期信访案,通过这些案子的办理来满足人民群众具体直接的需求,以实际的办案成效来彰显以人民为中心的宗旨意识。

现在来回答第二个问题。我们在审查案件当中发现证据有涂改痕迹,这个问题地方检察机关在监督过程中也做了调查,但由于案发时间长,没有查清在哪一个环节、哪一个人手上出了问题。最高人民检察院也很重视,在讨论这个案例的时候,要求对这个问题盯住不放,该移送的要依法移送有关部门。

[肖玮] 下面请继续提问。

[人民日报] 据了解,行政检察是"四大检察"中比较薄弱的环节,检察机关通过一系列的理念革新,行政检察工作得到创新发展。请结合这次发布的案例,谈一下行政检察工作中是怎么体现新理念的?

[张相军] 谢谢人民日报记者的提问。首先感谢媒体朋友长期以来对行政检察工作的支持,第七检察厅成立还不到一年,这

是第一次在媒体面前亮相,也恳请各位媒体朋友今后给予七厅和行政检察工作更多的关心、关注和支持。下面,我回答人民日报记者的提问。

中国特色社会主义进入新时代,人民群众的民主意识、权利意识、法治意识越来越强,对公正司法、依法行政的要求越来越高。最高检新一届党组和张军检察长贯彻习近平总书记全面依法治国新理念新思想新战略,适应新时代人民群众新期待,提出"讲政治、顾大局、谋发展、重自强"的检察工作总要求和"四大检察"全面协调充分发展、在办案中监督在监督中办案、精准监督、智慧借助、双赢多赢共赢等一系列新理念。理念一新天地宽,我们部署在全系统开展理念变革引领行政检察工作创新发展讨论活动,促进树牢和践行这些新理念。通过理念变革,行政检察工作初步实现破题开局。

比如,我们注意贯彻精准监督的理念,坚持精准化导向,加强精细化审查,努力办成精品案件,做一件成一件,成一件影响一片。如第一个指导性案例,检察机关除了认真做好书面审查外,还加强调查核实,查明了关键证据被变造的事实,为最终抗诉提供了依据。

比如,我们注意贯彻在办案中监督、在监督中办案的理念。办案是检察机关最好的名片,监督是检察机关最重要的职能。离开办案谈监督或离开监督谈办案,都是空中楼阁。这次发布的三个指导性案例都体现了这一理念。检察机关就是在办理具体案件中发现了相关线索,依职权监督,严格办案程序,将监督事项融入案件办理的每一个环节,确保监督活动的权威性和规范性,通过依法办案顺利实现了检察机关的监督目的。

再比如,我们认真贯彻双赢多赢共赢的监督理念。行政检察、行政审判、行政执法在维护法治、维护公平正义方面具有共同的价值追求,监督是为了提醒、促进监督对象重新审视并自我纠错,推进严格执法、公正司法,最终实现双赢多赢共赢。这一点在杜某违法占地行政非诉执行监督一案中有明显体现。在监督工作中,让被监督单位感受到检察机关的监督是真心帮助他们解决实际问题,一方面促进法院系统开展行政非诉执行案件的专项案件质量评查活动,另一方面也促进国土部门开展行政处罚执行情况专项监督检查活动,法律监督质效实现了最大化,最终实现了多方共赢。

又比如,我们还认真践行系统式监督理念。注意平衡多重利益、多重价值、多重目标,更好地协调与审判机关、行政机关及行政相对人的关系。行政检察的特殊优势在于"一手托两家",既监督法院公正司法、又促进行政机关依法行政。在行政检察监督过程中,我们注意统一运用法律监督手段,正确处理与法院、行政机关的关系。在湖北省某县水利局申请强制执行肖某河道违法建设处罚决定监督一案中,检察机关发现水利局具有强制拆除河道违法建筑物的法定职权,却向法院申请强制执行,法院不恰当地受理申请并作出错误裁定,对此,检察机关不仅向法院提出检察建议,纠正其错误裁判,也向水利局发出检察建议,督促其履行法定职责,阐明水法和行政强制法的立法精神,厘清了行政非诉执行申请、受理的范围和界限;同时通过行政检察监督,促使水利局尽快拆除违法建筑物、恢复河道畅通、消除行洪防洪安全隐患,有效平衡了监督、支持、保护关系,最大限度地维护了人民群众的根本利益。

[肖玮] 下面请继续提问。

[工人日报] 本次发布的指导性案例中,发布了2件非诉执

行监督类案例。当前行政非诉执行案件监督的难点在哪里？检察机关有何解决措施？

[张步洪] 行政机关作出的决定，按照主次顺序，有三种实现途径：相对人自动履行；行政非诉执行，即未引起诉讼，行政机关申请法院强制执行或者依法自行强制执行；引起行政诉讼、被告在诉讼中获胜，执行行政裁判。绝大多数行政决定是通过相对人自动履行实现的，少数是通过强制执行得到实现的，行政非诉执行占比比较大。

行政诉讼法规定，检察机关对行政诉讼活动实行法律监督。这一授权包含了对行政审判与行政非诉执行活动的监督，也包含对被诉行政行为进行不同于行政审判监督方式的差异化监督。其中，行政非诉执行不仅关涉行政目标实现，而且关乎公民、组织合法权益，关乎国家和社会公益。但是，对行政非诉执行进行监督是行政诉讼监督的难点和短板。

为贯彻落实党的十九大精神，回应社会公众对"执行难""执行乱"问题的关切，2018年2月，最高检部署在全国检察机关开展了行政非诉执行监督专项活动。专项活动重点关注涉及生态环境和资源保护、食品药品安全、国有财产保护、国有土地使用权出让等事关国家和社会公共利益的行政执法活动，重点围绕法院怠于受理、消极执行、执行错误、执行不到位等问题，有针对性地开展监督。截至今年上半年，全国检察机关受理各类行政非诉执行监督案件10800余件，结案9500余件，向人民法院和行政执法机关发出检察建议8800余件，被采纳6500余件，督促法院依法及时受理、立案、审查和执行的同时，也督促行政执法机关依法及时向法院申请强制执行，推动解决了一些行政决定执行难的问题。

但是，制约检察机关充分履行行政非诉执行监督职责的难题有待逐步破解。检察机关对行政非诉执行活动与执行依据的合法性审查仍然是一个薄弱环节。主要原因是：非诉执行的依据未引起争议，基于效力优先原则，行政非诉执行的公开程度远远低于行政诉讼的公开程度，加之行政非诉执行案件本身具有非诉讼性，相对简便的执行审查和实施程序主要是"体内循环"，检察机关无论从哪个环节切入，都有困难，尤其是对其中的执行活动违法、执行依据违法的问题难以发现。

下一步，我们将行政非诉执行监督作为基层行政检察业务一个新的增长点，进一步抓紧抓实。一是总结前期督促行政机关履行申请强制执行职责的做法，推动行政执法与行政检察相互衔接平台建设，确保符合条件并有执行内容的行政决定依法进入执行程序。二是加强对法院行政非诉执行案件受理、立案、执行各环节的监督。三是加强与人民法院、行政机关的沟通，优化监督环境，强化对行政非诉执行依据合法性、合公益性的监督审查，为行政执法主体和行政非诉执行利益相关人提供平等的法律保护。四是以人民群众反映强烈的热点、难点问题为切入点，聚焦打赢"三大攻坚战"、减税降费政策落实、国土领域违法占地和违法建设、农民工追索欠薪、环境保护、食品药品安全等领域相关问题，充分发挥行政非诉执行监督职能，努力办一批效果好、有影响的案件。

[张雪樵] 这次发布的案例，多数是行政非诉执行监督案件。这类案件主要监督法院的执行活动和行政机关的行为。非诉执行监督也属于行政检察监督。

我们今天发布的3个指导性案例和6个典型案例都涉及对行政行为的监督。在这里补充一下，刚刚提到维护法治精神，一个维度是保护公民权利，另一个维度是对公权力的监督和制约。这是什么道理呢？对公民权利最容易造成损害的是公权力，特别是行政权容易导致公民私权受损。对行政行为包括行政权监督的力度越大，行政权行使就越规范，公民、法人和其他组织的权利就能得到更好的保障。这两个是统一的。我们不仅要监督行政行为，还要保障老百姓正当、合法的诉求。保护公民权利，最关键的是行政权，依法行政，公民权利保护问题自然会迎刃而解，大量案件会得到公正处理。我就作这点补充，谢谢。

[肖玮] 下面请继续提问。

[南方都市报] 党的十八大以来，习近平总书记在一系列重要讲话中提出了创新社会治理的新理念新思想新战略，在党的十九大报告中则从打造共建共治共享的社会治理格局目标层面论述了加强和创新社会治理的具体路径。我注意到，这次发布的指导性案例和典型案例中也提到，检察机关通过行政非诉执行监督参与社会治理，请问，在促进社会治理方面，行政检察可以有哪些作为？

[张相军] 法治是社会治理的基本手段。习近平总书记强调着力打造共建共治共享的社会治理格局，推进社会治理社会化、法治化、智能化、专业化。昨天习总书记在主持中央政治局第十七次集体学习时强调，坚持好、实施好中国特色社会主义国家制度和法律制度，继续沿着党和人民开辟的正确道路前进，不断推进国家治理体系和治理能力现代化。检察机关的法律监督包括行政检察制度，是具有鲜明中国特色的国家制度和法律制度。行政检察既监督人民法院公正司法，又促进行政机关依法行政，是新时代检察机关参与社会治理的重要途径，在促进国家治理体系和治理能力现代化方面具有独特优势，可以在以下几方面有所作为。

一是立足办案,积极参与社会治理。办案是检察机关参与社会治理的基本方式。我们坚持个案办理与类案监督、专项活动相结合,一方面通过办理个案促进社会治理,另一方面对于办理个案中发现的普遍性问题,或者一个区域、一个系统存在的普遍性问题,集中开展专项监督活动,推进一个区域或一个系统的社会治理工作,达到办理一案、治理一片、影响一方的监督效果。这次发布的杜某违法占地行政非诉执行监督一案就是这方面的典型。

二是发挥检察建议功能,促进依法行政。政府在社会治理中负主责,依法行政是社会治理的核心内容。检察机关在行政诉讼监督工作中,发现相关单位或者部门不依法及时履行职责,致使个人或者组织合法权益受到损害或者存在损害危险的情形,根据《人民检察院检察建议工作规定》,可以向有关单位和部门提出检察建议,促使其改进工作、完善治理,这有利于从源头上促进行政机关依法行政,减少行政争议,防范和减少不稳定因素。即使对那些虽然法院裁判没有错误,但行政行为存在违法或者不当的,也可以向行政机关发出检察建议,促进依法行政,完善社会治理体系。

三是促成和解,推动行政争议实质性化解。诉讼是平衡社会利益、化解社会矛盾的有效方式。当前,一些行政案件存在着诉讼程序空转的现象。这些程序空转案件反复纠缠于法院是否应当受理、立案的争执当中,经过一审、二审、再审,有的还要再发回重审,长期未进入实体审理程序,当事人拿着多份裁定,但其诉求和纠纷始终得不到解决,容易引发社会戾气,一些当事人为此长期诉讼、上访甚至出现不理性的极端行为。对此,检察机关在依法加强行政诉讼监督的同时,要坚持发扬新时代枫桥经验,把促进和解作为履行行政检察职责的重要内容，积极探索建立促进和解的制度机制，促进完善多元化行政纠纷解决机制，凝聚实质性化解行政争议的合力，切实维护行政相对人的合法权益。

四是探索实施行政诉讼监督年度报告制度，促进依法行政和公正司法。从检察机关办理的行政诉讼监督案件，能够从一个侧面反映出人民法院行政审判和行政机关依法行政的情况。近年来，北京、上海等地检察机关建立行政诉讼监督年度报告制度，通过对全年办理的行政诉讼监督案件进行量化分析，对监督中发现的行政审判和执行中存在的问题，分析成因，查找症结，找出办法，提出对策建议。检察机关将推广这一经验，通过建立行政诉讼监督年度报告制度，向法院和行政机关通报行政诉讼监督情况，向党委、人大报告，当好法治参谋。

五是探索推行行政诉讼监督案件公开听证和不支持监督申请检察宣告制度，以公开赢公信、促公正。2018年全国检察机关审结行政裁判结果监督案件不支持率约90%，反映出人民法院行政审判和行政机关依法行政水平不断提高。但也有一些不支持监督申请案件的情况，案结事不了，息诉服判难度大，极易引发社会稳定风险。对此，检察机关将进一步加大检务公开和公开审查力度，积极推行行政诉讼监督案件公开听证制度，探索不支持监督申请案件检察宣告制度，邀请人大代表、政协委员、人民监督员、专家学者、律师等参与，从不同角度分析案件事实和法律适用问题，向当事人阐明行政检察监督决定和理由，做好检察环节疏导情绪、释法说理、息诉服判、维护稳定工作，有效化解行政争议和矛盾纠纷。

[张雪樵] 补充一句话。我们要以问题为导向，特别是我们要贯彻落实好以习近平同志为核心的党中央提出的国家治理体系

和治理能力现代化的目标。一是能解决问题,如果问题不解决,就不叫现代化。二是问题要解决得既快又好、更快更好,这才叫现代化。这也是我们行政检察工作的目标。

刚才张相军厅长介绍了我们采取的举措,另外还包括提高我们办案的水平。最高人民检察院应用大数据、人工智能等现代科技,研发和应用互联网专家咨询平台,聘请全国资深的律师、专家、教授为民事行政案件专家,通过互联网咨询平台跟他们联线,发挥专家作用,帮助我们提高案件审查质量,帮我们把好关。

[肖玮] 下面请继续提问。

[检察日报] 在某实业公司诉某市住建局征收补偿认定纠纷抗诉案中,检察机关调查核实对查明事实和最终提出抗诉起到了重要作用。请您介绍一下检察机关在调查核实中应当注意把握哪些方面的原则和要求?

[张步洪] 诚实信用不仅是社会主义核心价值,也是诉讼当事人参加诉讼必须信守的法定原则。法律不允许任何一方从其不诚信行为中获得利益。在行政诉讼监督中,检察机关发现原审裁判可能采信了缺乏客观性的证据的,应当进行调查核实。

在行政诉讼监督中,调查核实是确保检察机关作出准确事实判断的重要手段,也是实现"精准监督",防止检察监督权被恶意利用的保障措施。对于检察机关进行调查核实,法律作了明确规定。检察机关行使调查核实权,应当把握以下原则。

一是依法调查核实。一方面,调查情形要合法,检察机关通过书面审查、询问当事人等方式,仍然难以作出准确的事实判断的,应当调查核实。当事人在检察环节提交新证据的,检察机关也有必要对该新证据进行核实。另一方面,调查程序要合法。只有经过严格的法定程序、运用合法的方式调查获取的证据，在特定情形下才能作为新证据提交给再审法庭。

二是适度调查核实。一方面，适度采取调查核实措施。检察机关采取任何一项调查核实措施，都应当是出于查清案情的客观需要，不应当给被调查人、协助调查人造成不必要的负担。另一方面，适度运用调查核实成果。检察机关调查核实，出于两重目的：核实证据与案情；获取证据。只有在符合行政诉讼举证证明规则的情况下，检察机关才将调查获取的证据材料提交给法庭。更多情况下，检察机关进行调查主要是为了核实案情。

基于以上原则，检察机关在行政诉讼监督中调查核实应当遵循以下要求：

一是调查核实与履行诉讼监督职责相适应。调查核实的事项应当与判断审判和执行活动是否合法有关，或者与判断被诉行政行为是否合法有关，或者与查清监督申请人的诉求是否合法、是否正当有关。

二是调查核实不能作为单独适用的审查方式。检察官在全面审查审判卷宗、行政执法卷宗和有关材料的基础上，认为通过书面审查难以认定的，应当进行调查核实，查明案件事实。

三是检察机关调查核实获取的证据，不能作为提出抗诉以证明行政行为合法的证据。合法的行政行为必须遵循"先取证后决定"的法定顺序，这与法律要求行政行为必须事实清楚、证据确实充分的要求是一致的。为此，行政诉讼法要求被告对被诉行政行为的合法性承担举证责任。如果检察监督阶段还要收集证据来证明行政行为合法，就说明行政行为作出时未达到证据确实充分的程度。

四是检察机关进行调查核实，不得采取限制人身自由和查封、扣押、冻结财产等强制性措施。

　　刚才提到的这个案件，检察机关审查发现，一审期间某实业公司提供的案涉大厦规划许可证等三份文件是判决的关键证据，与其他证据存在矛盾，遂依法进行调查核实。最终认定，某实业公司提供的 3 份文件复印件中记载的面积系经涂改，与真实许可的面积相差 600 平方米，原审裁判采信了虚假证据导致基础事实认定错误，检察机关依法提出抗诉，法院再审予以改判，维护了国家和社会公益。

　　[**肖玮**] 因为时间关系，提问就到这里。谢谢大家，今天的发布会到此结束。

第三部分

行政检察典型案例及实务指引

河南省甲县违法占地非诉执行监督系列案

——监督行政非诉执行依法受理，
共同守住耕地保护红线

一、基本案情

2017年8月以来，河南省甲县国土资源局在巡查中发现一些驾校、砂场等未经批准擅自占用耕地，经依法立案后作出相应行政处罚。行政相对人在法定期限内既不提起诉讼又不履行，甲县国土资源局依照法律规定，将到期需要申请强制执行的国土资源违法案件申请甲县人民法院强制执行。截至2018年4月12日，甲县国土资源局共向甲县人民法院申请强制执行行政非诉案件96件，涉及驾校、采砂、旅游开发、农业开发、农户违建等非法占用耕地154.8亩、基本农田66.8亩，其他土地2.76亩，行政罚款总额300余万元。

甲县人民法院对县国土资源局行政非诉案件强制执行申请均不予受理，也未作出不予受理裁定和说明不予受理理由。

二、检察机关监督情况

2018年4月12日，甲县人民检察院对其中严重损害国家利益和社会公共利益的21起行政非诉执行案件依法予以受理。同时，将最高人民检察院在全国检察机关开展民事行政非诉执行监督专项活动情况向甲县人民法院作了通报。

甲县人民检察院认为，甲县人民法院对县国土资源局强制执行申请既不予受理又不依法作出不予受理裁定，违反了《中华人民共和国行政强制法》第56条第1款"人民法院接到行政机关强制执行的申请，应当在五日内受理"的规定，违反了《最高人民法院关于适用〈中华人民共和国行政诉讼法〉的解释》第155条第3款"人民法院对符合条件的申请，应当在五日内立案受理，并通知申请人；对不符合条件的申请，应当裁定不予受理"的规定，以及《最高人民法院关于人民法院登记立案若干问题的规定》第2条、第8条、第9条的规定，致使生效的行政处罚决定无法进入法定程序。4月26日，甲县人民检察院向甲县人民法院发出检察建议：（1）依法办理甲县国土资源局申请的行政非诉执行案件；（2）完善行政非诉案件受理机制，以保障行政处罚权的正确行使。

2018年5月3日，甲县人民法院回复，支持检察机关开展民事行政非诉执行监督专项活动，采纳检察建议，对建议的21起及其他75起行政非诉案件全部予以受理。同时，完善非诉行政案件受理程序，对涉及国家利益和社会公共利益的，快立快审。

自发出检察建议至2019年1月15日，甲县国土资源局陆续向甲县人民法院申请强制执行286件，法院均予以立案，目前已准予执行244件，大部分已经执行；同时，检察机关针对行政机关是否存在行政处罚后怠于执行或怠于申请执行等问题加强与行政机关沟通，争取理解、配合进而主动纠正，并加强与人民法院的协作配合，共同维护国家利益和社会公共利益。

三、警示与指导意义

保护耕地，关系到中国十几亿人口的粮食问题，关系到我国的粮食安全、生态安全问题。对于耕地,国家坚持实行最严格的保护制度。守住耕地保护红线,不仅是各级政府的责任,也是司法机关共同的责任。对违法占用、破坏耕地特别是基本农田的违法行为,必须坚决制止和惩处。本案涉及非法占用耕地154.8亩、基本农田66.8亩,人民法院对行政机关依法申请行政非诉执行的案件,应当受理而不予受理,使国家利益和社会公共利益处于持续受侵害状态,检察机关应依法予以监督。本案中,通过对21起行政非诉执行案件进行监督,促使人民法院对后续案件依法立案、准予执行,并依法执行,进入良性循环,不仅促进了规范执法、依法行政,还有力地促进了对国家耕地、基本农田的保护,达到双赢、多赢、共赢。

四、文书指引

河南省甲县人民检察院

检察建议书

××检民(行)执监〔2018〕××号

本院对甲县人民法院审查甲县国土资源局申请强制执行行政×国土资罚〔2017〕×号处罚决定一案的执行活动进行了审查。本案现已审查终结。

现查明:甲县某镇村民王某未经依法批准,自2013年5月开始擅自占用该村八组耕地1333平方米建设驾校训练场。甲县国土资源局于2017年8月7日立案,于2017年8月17日将×国土资罚〔2017〕×号《行政处罚决定书》送达王某,并于2018年2月27日催告王某履行,王某拒不履行。2018年3月29日,甲县国土资源局制作强制执行申请书,向甲县人民法院申请强制执行行政处罚决定，甲县人民法院不予受理又不依法作出不予受理裁定，亦未通知补充申请行政强制执行材料。甲县国土资源局向甲县人民法院邮寄申请材料被拒收退回。至本院受理本案之日，被处罚人王某未履行行政处罚决定。

本院认为，甲县人民法院对甲县国土资源局强制执行申请不予受理又不依法作出不予受理裁定，已严重违反了《中华人民共和国行政强制法》第56条第1款"人民法院接到行政机关强制执行的申请，应当在五日内受理"、《最高人民法院关于适用〈中华人民共和国行政诉讼法〉的解释》第155条第3款"人民法院对符合条件的申请，应当在五日内立案受理，并通知申请人；对不符合条件的申请，应当裁定不予受理"及《最高人民法院关于人民法院登记立案若干问题的规定》第2条、第8条、第9条的规定，致使生效的行政处罚决定无法进入法定程序，损害了行政执法活动的权威性和公信力，对国土资源管理及整治工作产生消极影响。

综上，经本院检察长批准，根据《中华人民共和国行政诉讼法》第101条、《人民检察院行政诉讼监督规则（试行）》第31条第1项、最高人民法院、最高人民检察院《关于民事执行活动法律监督若干问题的规定》第11条、第21条的规定，特提出检察建议，1.依法办理甲县国土资源局申请的行政非诉强制执行案；2.完善非诉行政案件受理机制，以保障行政处罚权的正确行使；3.追究相关责任人员。请在收到检察建议后一个月内将处理结果书面回复本院。

此致

甲县人民法院

××××年×月×日

吉林省某公司违法占地非诉执行监督案

——监督行政非诉执行依法审查，
维护国家、社会公共利益和公民合法权益

一、基本案情

2016年6月17日，吉林省甲市国土资源局对某有限公司作出行政处罚决定书，内容为：（1）责令退还非法占用的土地，拆除非法占用的土地上新建的建筑物和其他设施，恢复原貌；（2）对非法占用林地1000平方米处以罚款5000元；（3）移送当地司法机关。某有限公司在法定履行期限内缴纳了罚款，但未退还非法占用的土地，未拆除非法占用土地上新建的建筑物和其他设施，未恢复土地原状。

2017年4月19日，甲市国土资源局向甲市乙区人民法院申请强制执行上述行政处罚决定书中"退还非法占用的土地，拆除非法建筑物，恢复原貌"的行政处罚。

乙区人民法院受理后，依法组成合议庭进行了合法性审查，并于2017年5月11日作出行政裁定书，裁定：（1）准予强制执行甲市国土资源局行政处罚决定书；（2）行政处罚决定书中的罚款部分即林地1000平方米×5元/平方米＝5000元，由乙区法院强制执行；（3）责令退还非法占用的土地，没收非法占用的土地上新建的建筑物和其他设施，恢复土地原状，由甲市国土资

源局组织实施。

二、检察机关监督情况

乙区人民检察院审查认为，乙区人民法院作出的行政裁定书的裁定内容超出了甲市国土资源局申请强制执行的范围，且与行政处罚决定书的内容不符。甲市国土资源局行政处罚决定作出后，某有限公司在法定履行期限届满之时，已履行缴纳罚款的义务，未履行"退还非法占用的土地，拆除非法建筑物，恢复原貌"的行政处罚，甲市国土资源局也仅就未履行的该项行政处罚申请乙区人民法院强制执行。乙区人民法院作出的裁定内容既包括未履行的行政处罚，也包括已经履行的罚款，超出了申请执行人申请强制执行的范围，不符合案件的真实情况，且裁定准予执行"没收非法建筑物，恢复原貌"的内容与行政处罚"拆除非法建筑物，恢复原貌"不符。

乙区人民检察院根据《中华人民共和国行政诉讼法》第93条的规定，提出检察建议，建议乙区人民法院依法纠正，并在今后办理非诉执行案件过程中严格进行审查，依法作出裁定，裁定准予执行的内容应与行政处罚的内容相符。乙区人民法院收到检察建议后，书面回复表示，依照《中华人民共和国行政强制法》的相关规定进行审查，认真整改，在今后的工作中杜绝类似情况的发生。

三、警示与指导意义

对于违法占地行为，行政机关应当及时查处，作出相应行政处罚，并依法申请行政非诉执行。行政机关的行政处罚决定，必须准确、全面、及时执行，否则不仅损害国家和社会公共利益，损害公民、法人或其他组织的合法权益,还可能破坏行政管理秩序,减损执法的公正性和权威性。本案中,人民检察院针对法院作出的强制执行裁定内容与实际情况不符、与行政机关作出的行政处罚决定内容和申请执行内容不一致等违法情形及时发出检察建议,促使法院对行政非诉执行工作中存在的突出问题进行整改,既维护了国家和社会公共利益,又保护了当事人的合法权益,规范了执行行为,增强了监督效果。

四、 文书指引

吉林省甲市乙区人民检察院

检察建议书

××检民(行)执监〔2018〕××号

本院依法对申请执行人甲市国土资源局向你院申请强制执行行政处罚决定书的非诉执行一案的审查活动进行了审查。本案现已审查终结。

现查明:甲市国土资源局于2016年6月17日对某有限公司作出〔2016〕×号《行政处罚决定书》,内容为:一、责令退还非法占用的土地,拆除非法占用的土地上新建的建筑物和其他设施,恢复原貌;二、林地1000平方米×5元/平方米=5000元;三、移送当地司法机关。某有限公司在法定履行期限内已经缴纳罚款,但未退还非法占用的土地,未拆除在非法占用的土地上新建的建筑物和其他设施,未恢复土地原状。甲市国土资源局于2017年4月19日向你院申请强制执行〔2016〕×号《行政处罚决定书》中"退还非法占用的土地,拆除非法建筑物,恢复原貌"的行政处罚。你院受理后,依法组成合议庭对〔2016〕×

号《行政处罚决定书》的合法性进行了审查，并于2017年5月11日作出行政裁定书，裁定：一、对甲市国土资源局2016年6月17日作出的〔2016〕×号《行政处罚决定书》准予强制执行。二、〔2016〕×号《行政处罚决定书》中罚款部分即林地1000平方米×5元/平方米＝5000元，由乙区人民法院强制执行。三、〔2016〕×号《行政处罚决定书》中责令退还非法占用的土地，没收非法占用的土地上新建的建筑物和其他设施，恢复土地原状，由甲市国土资源局组织实施。

本院认为，你院作出的行政裁定书的裁定内容超出了申请执行人甲市国土资源局申请强制执行的范围，且与行政处罚决定书的内容不符。从卷宗材料中可知，甲市国土资源局作出〔2016〕×号《行政处罚决定书》后，当事人某有限公司在法定履行期限届满之时，已履行缴纳罚款的义务，仅未履行《行政处罚决定书》中"当事人退还非法占用的土地，拆除非法建筑物，恢复原貌"该项行政处罚，甲市国土资源局在履行期限届满时也仅就该项行政处罚申请你院强制执行。你院经过审查后作出的裁定内容既包括由甲市国土资源局组织实施责令退还非法占用的土地，没收非法占用的土地上新建的建筑物和其他设施，恢复土地原状同时也包括由你院强制执行对某有限公司的罚款，这超出了申请执行人甲市国土资源局申请强制执行的范围，不符合案件的真实情况，且准予执行的内容与行政处罚的内容不符。

综上所述，你院作出的行政裁定书的裁定内容超出了申请执行人甲市国土资源局申请强制执行的范围，且与行政处罚决定书的内容不符。经本院检察委员会讨论决定，根据《中华人民共和国行政诉讼法》第93条的规定，特提出检察建议，建议你院依法纠正，并在今后办理非诉执行案件过程中严格进行审查，在申请执行人的申请范围内依法作出裁定,裁定准予执行的内容应与行政处罚的内容相符。

请在收到检察建议后一个月内将处理结果书面回复本院。

此致

甲市乙区人民法院

××××年×月×日

北京市某村委会等
六起违法占地非诉执行监督案

——监督终结本次执行程序依法适用，
推动破解 "两违" 拆除难题

一、基本案情

原北京市国土资源局针对北京市甲区 A 镇某村村委会、某动力科技公司、某文化传播公司、某生物工程技术公司、某农业发展公司非法占地进行建设的行为，依据土地管理法对上述单位分别作出共计 6 份 "拆除违法建设、恢复土地原状" 的行政处罚决定，但上述单位既未履行处罚决定，又没有申请复议和提起行政诉讼，原北京市国土资源局遂按照法定程序将上述 6 起行政处罚决定向北京市甲区人民法院申请强制执行。

甲区人民法院针对上述非诉执行申请分别作出准予执行的行政裁定书，但在随后的强制执行阶段又在未实际执行的情况下以 "本案执行标的违法建筑物占地规模较大，强制拆除有一定难度，需具备足够的人力和物力。现本院无强制拆除所必需的资金、设备和人员，申请执行人北京市国土资源局亦无法提供强制拆除必备的条件，故本院暂无法采取强制执行措施对本案执行标的予以拆除" 为由，作出终结本次执行程序的裁定。

二、检察机关监督情况

甲区人民检察院依职权启动了对上述 6 起非诉执行案件的监督程序。经审查，根据最高人民法院有关规定，终结本次执行程序的适用范围，是执行标的以财产为内容，且无财产可供执行或有财产但不足以全部清偿的，上述 6 起案件均不应适用终结本次执行程序。同时，北京市为深入推进京津冀协同发展、着力疏解非首都功能、优化提升首都功能，正在开展"疏解整治促提升"专项行动，拆除违法建设是"疏解整治促提升"的重要任务之一。本案系典型的非法占地行为引发的违法建设活动，依法应予严格查处。对此，甲区人民检察院于 2018 年 1 月 2 日向甲区人民法院送达检察建议书，建议：（1）进一步严格规范终结本次执行程序，杜绝因片面追求高结案率而滥用"终结本次执行程序"；（2）及时恢复案件执行程序，促使案件早日执行完毕。

2018 年 3 月 21 日，甲区人民检察院收到甲区人民法院针对 6 份检察建议的回复。甲区人民法院表示该案的执行问题不是简单的法律问题，此类案件利益关系错综复杂，当事人对立情绪极端严重，盲目强制执行必然引发不稳定事件，需要在尊重历史、正视现实的前提下，统筹协调各方力量协力解决。

针对法院在回复中提到的执行风险和现实难题，甲区人民检察院结合上述 6 起非诉执行监督案件的办理，经深入调研，撰写了调研报告，详细分析了该区因非法占地形成违法建设难以强制拆除的现状、原因，并从多角度提出解决问题的对策建议，报告市、区两级政府并得到关注。北京市人民政府督查室向市规划国土委下发督查通知单，要求该委认真落实。目前，该 6 起案件已部分执行到位，其他后续相关工作正在逐步推进。

三、警示与指导意义

违法占地是国土资源违法行为中最常见的一种类型，违法建设项目侵占有限的土地资源，损害国家和社会公共利益，破坏广大人民群众赖以生存的生态环境。未经批准违法占用土地进行违法建设，是违法占地中常见的表现形式。拆除违法占地上的违法建设，因群众关注度高、矛盾多发易发，强制执行难度很大。对于这类案件，不仅要制发检察建议监督法院依法执行，还要加强跟进监督，从根本上推动解决这一执行难题。本案中，人民检察院通过对法院适用终结本次执行存在违法情形的监督，依托典型个案，促进类案问题解决，在以检察建议形式督促法院依法执行的同时，以调研报告的形式分析原因、提出对策建议，推动从体制、机制上破解"两违"拆除难题，引起政府的关注和重视，彰显了行政检察维护司法公正、促进依法行政、服务社会治理的积极意义。

四、文书指引

北京市甲区人民检察院

检察建议书

××检行执监〔2017〕××号

本院在开展服务保障"疏解整治促提升"专项行动的过程中对原北京市国土资源局（现北京市规划和国土资源管理委员会）向你院申请强制执行的（2014）×执字第××号执行案件的执行活动进行了审查。本案现已审查终结。

现查明：2013年8月30日，原北京市国土资源局对某动力科技公司作出〔2013〕第××号《国土资源行政处罚决定书》，责令某动力科技公司退还非法占用的土地，15 日内拆除在北京市甲区 A 镇某村非法占用的 4136.56 平方米（6.20 亩）土地上新建的建筑物和其他设施，恢复土地原状。2014 年 1 月 28 日，你院作出（2014）×执字第××号行政裁定书，裁定由你院对〔2013〕第××号《国土资源行政处罚决定书》予以强制执行。2014 年 5 月 21 日，你院对该起非诉执行案件予以执行立案，案号为（2014）×执字第××号。同年 6 月 25 日，你院向被执行人某动力科技公司留置送达《执行通知书》和《公告》，之后未再采取执行措施。2014 年 7 月 30 日，你院作出（2014）×执字第××号执行裁定书，以"本案执行标的违法建筑物占地规模较大，强制拆除有一定难度，需具备足够的人力和物力。现本院无强制拆除所必需的资金、设备和人员，申请执行人北京市国土资源局亦无法提供强制拆除必备的条件，故本院暂无法采取强制执行措施对本案执行标的予以拆除"为由，裁定终结〔2013〕第××号《国土资源行政处罚决定书》的本次执行程序。该案迄今仍未执行完毕。

本院认为，对于土地管理领域涉及限期拆除处罚决定的强制执行问题需要结合政策和法律两个层面予以考虑。首先，司法机关通过依法执行，纠正违法占地、拆除违法建设是服务大局所需。目前，北京市正在开展"疏解整治促提升"专项行动，这是深入推进京津冀协同发展、着力疏解非首都功能、优化提升首都功能的重大举措。根据行动要求，拆除违法建设是"疏解整治促提升"的重要任务之一。面对大局形势，司法机关应充分发挥司法职能作用，服务保障专项工作顺利开展。本案系典型的非法占地行为引发的违法建设活动，依法应予以严格查处。土地行政主管部门已于2013年对违法主体作出了相应的行政处罚决定，并于2014年依法申请你院强制执行，但至今逾三年仍未能执行完毕，违法用地行为未得到切实追究，违法建设依然存在，极大地影响了行政执法和司法执行的公信力和权威性，不利于党和政府中心工作的顺利推进。

其次，依法执行是人民法院执行工作的基本原则。土地领域的非诉强制执行虽有现实难度，但你院对本案以裁定形式作出终结本次执行程序的处理明显不符合规定。根据《中央政法委、最高人民法院关于规范集中清理执行积案结案标准的通知》（法发〔2009〕15号）的规定，"终结本次执行程序"适用的对象应为确无财产可供执行的案件。《北京市法院执行工作规范（2013年修订）》第353条规定："有下列情形之一的，执行实施机构可以裁定本次执行程序终结：（一）作为被执行人的自然人因生活困难无力清偿债务，无收入来源，又丧失劳动能力的；（二）被执行人确无财产可供执行，申请执行人书面同意人民法院终结本次执行程序的；（三）人民法院进行财产调查后，申请执行人明确表示提供不出被执行人的财产或财产线索，并对人民法院认定被执行人确无财产可供执行书面表示认可的；（四）因被执行人无财产可供执行而中止执行满两年，经人民法院进行调查被执行人确无财产可供执行的；（五）被执行的财产无法拍卖变卖，或者动产经两次拍卖、不动产或其他财产权经三次拍卖仍然流拍，申请执行人拒绝接受或者依法不能交付其抵债，且经人民法院进行财产调查，被执行人确无其他财产可供执行的；（六）作为被执行人的企业法人被撤销、注销、吊销营业执照或者歇业后既无财产可供执行，又无义务承受人，也没有被追加、变更的被执行人或被追加、变更的被执行人亦确无财产可供执行的；（七）经人民法院进行财产调查，被执行人确无财产可供执行或虽有财产但不宜强制执行，当事人达成分期履行和解协议的；（八）被执行人确无财产可供执行，申请执行人属于特困群体，执行法院已经给予其司法救助的。"根据上述规定，能够适用"终结本次执行程序"的案件必须满足以财产给付为标的，被执行人确无财产可供执行的条件。本案中，法院执行的内容是国土资源行政处罚决定书中的处罚内容，即退还非法占用的土地、拆除在非法占用的土地上新建的建筑物和其他设施、恢复土地原状。可见，本案的执行标的是行为，而非财产给付。故本案不应属于"终结本次执行程序"可以适用的案件范围。

根据《中华人民共和国土地管理法》第83条之规定，建设单位或者个人对责令限期拆除的行政处罚决定不服的，可以在接到责令限期拆除决定之日起十五日内，向人民法院起诉；期满不起诉又不自行拆除的，由作出处罚决定的机关依法申请人民法院强制执行，费用由违法者承担。据此，对于土地领域的责令限期拆除的行政处罚决定，人民法院享有强制执行权。对于法律文书指定行为的执行，《中华人民共和国民事诉讼法》第252条规定："对判决、裁定和其他法律文书指定的行为，被执行人未按执行通知履行的，人民法院可以强制执行或者委托有关单位或者其他人完成，费用由被执行人承担。"对于行政机关申请执行的费用问题，《中华人民共和国行政强制法》第60条第1款规定："行政机关申请人民法院强制执行，不缴纳申请费。强制执行的费用由被执行人承担。"根据上述规定，你院以"现本院无强制拆除所必需的资金、设备和人员，申请执行人北京市国土资源局亦无法提供强制拆除必备的条件"为理由认为无法采取强制执行措施对执行标的予以拆除，明显有悖于法律规定。

根据《中华人民共和国行政诉讼法》第 101 条、《人民检察院行政诉讼监督规则（试行）》第 29 条、《最高人民法院、最高人民检察院关于民事执行活动法律监督若干问题的规定》的规定，特提出如下检察建议：

一、进一步严格规范终结本次执行程序，杜绝因片面追求高结案率而滥用"终结本次执行程序"；

二、及时恢复对（2014）×执字第××号案件的执行程序，结合"疏解整治促提升"专项行动，加强向同级党委、党委政法委的请示汇报，增强工作合力，加大对拒不执行法律文书确定义务的被执行人的制裁力度，促使案件早日执行完毕。

请在收到检察建议后三个月内将处理结果书面回复本院。

此致

北京市甲区人民法院

××××年×月×日

浙江省徐某违法占地非诉执行监督案

——监督"裁执分离"模式下法院和行政机关依法执行,保护基本农田不被侵占

一、基本案情

徐某非法占用 2253 平方米基本农田和 3753 平方米农用地,在浙江省甲市 A 镇某村违法建造房屋及其他建筑设施。2015 年,甲市国土资源局作出行政处罚决定书,责令徐某退还非法占用的土地 6006 平方米;拆除在非法占用土地上新建的房屋及其他建筑设施;对非法占用的基本农田按每平方米 30 元处以罚款计人民币 67590 元,对非法占用农用地(林地、园地、水域)按每平方米 20 元处以罚款计人民币 75060 元,两项合计人民币 142650 元。

2016 年 7 月 22 日,甲市国土资源局以被执行人徐某拒不履行行政处罚决定书为由,向甲市人民法院申请强制执行。

由法院作出裁判、由行政机关组织实施的"裁执分离"改革,浙江省是推进改革和试点地区之一。2016 年 8 月 1 日,甲市人民法院采取"裁执分离"模式,作出行政裁定书,裁定准予对徐某在甲市 A 镇某村非法占用的 6006 平方米土地上违法建造的房屋及其他建筑设施予以强制拆除,由甲市 A 镇人民政府、甲市国土资源局组织实施;准予对徐某欠缴的罚款人民币

142650 元强制收缴,由甲市人民法院执行。

2016 年 12 月 19 日,甲市人民法院作出执行裁定书:因在执行过程中,未发现被执行人徐某有实际可供执行的财产,申请执行人亦未提供可供执行的财产线索,故暂不能得到执行,依照民事诉讼法第 257 条第 6 项之规定,裁定终结本案本次执行程序。

二、 检察机关监督情况

2017 年 8 月 23 日,甲市人民检察院受理该案并展开调查。经调查,徐某在甲市农村商业银行有两个账户。其中一个账户从 2016 年 1 月至 2017 年 10 月间与其他账户有大量大额汇入、转入记录,且对账单反映徐某在其他银行还有多个账户。另一个账户在 2017 年 6 月获得柜面放款,而此时徐某已被甲市人民法院纳入失信被执行人名单。调查还发现徐某名下有小型汽车一辆,登记于 2011 年。

此外,经甲市人民检察院实地勘察,发现被执行人徐某在甲市 A 镇某村非法占用的 6006 平方米土地上违法建造的房屋及其他建筑设施未被拆除。

甲市人民检察院认为,被执行人徐某有实际可供执行的财产,甲市人民法院在执行过程中未穷尽财产调查措施,以未发现被执行人徐某有实际可供执行的财产等为由裁定终结本案本次执行程序不当;且徐某虽被纳入失信被执行人名单,但因录入的身份证号码有误,导致其仍从甲市农村商业银行获取银行贷款。

针对以上情况,甲市人民检察院根据《中华人民共和国行政诉讼法》第 11 条、第 101 条、《中华人民共和国民事诉讼法》第 235 条之规定,分别于 2017 年 11 月 10 日、11 月 23 日向甲市人民法院、甲市国土资源局和甲市A镇人民政府发出检察建议。建议甲市人民法院：（1）对本案依法立案，恢复执行，穷尽财产调查措施，对被执行人徐某的财产情况及时予以核实并采取执行实施措施，执行尚未缴纳的罚款；（2）对失信被执行人名单中徐某的错误信息予以改正；（3）关注法院相关查询系统存在的问题。建议甲市国土资源局和甲市A镇人民政府：对徐某在甲市A镇某村非法占用的6006平方米土地上违法建造的房屋及其他建筑设施予以强制拆除。

检察建议发出后，甲市人民法院、甲市国土资源局和甲市A镇人民政府均予以采纳，并书面回复。2017年11月27日，甲市国土资源局派员到违法现场进行实地核查，并与A镇人民政府相关负责人进行对接，由A镇人民政府牵头做好拆除工作，该局监察大队、国土所积极配合。2017年12月20日，A镇人民政府集中组织人员和力量，对被执行人徐某在甲市A镇某村非法占用的6006平方米土地上违法建造的房屋及其他建筑设施全部强制拆除。2018年2月1日，甲市人民法院恢复执行该案，对失信被执行人名单中徐某的错误信息已报上级法院修改，并已对统一查询系统存在的问题进行了反映。2018年5月9日，甲市人民法院第二次书面回复，表示该案全部罚款142650元已执行到位。

三、警示与指导意义

十分珍惜、合理利用土地和切实保护耕地是我国的基本国策。而基本农田是耕地的精华，是粮食安全的保障，国家对基本农田实行严格的特殊保护，任何单位和个人不得改变其性质用途。非法占用基本农田应依法退还，拆除在非法占用的土地上新建的建筑物和其他设施，恢复土地原状；构成犯罪的，依法追究刑事责任。行政非诉执行监督，是对行政非诉执行立案、审查和执行活动的全过程监督。行政机关申请强制执行，人民法院作出裁定后，无论是交由本院执行机构执行，还是采取"裁执分离"模式交由行政机关组织实施，或部分交由本院执行机构执行、部分交由行政机关组织实施，都属于行政非诉执行监督范围。人民法院、行政机关违法实施执行行为，或怠于履行职责的，检察机关有权予以监督。本案中，徐某非法占用2253平方米基本农田和3753平方米农用地，违法建造房屋及其他建筑设施的违法行为应当予以纠正。检察机关通过行政非诉执行监督，不仅推动法院追回了全部罚款142650元，而且促使行政机关强制拆除非法占用的6006平方米土地上的全部违章建筑，被占用基本农田得以恢复，取得了良好的效果。

四、 文书指引

浙江省甲市人民检察院
检察建议书

××检民（行）执监〔2017〕××号

本院对甲市国土资源局与徐某土地管理行政处罚一案的执行活动依职权进行了审查。本案现已审查终结。

现查明：2016年7月22日，甲市国土资源局以被执行人徐某拒不履行（2015）×号行政处罚决定书为由，向你院申请强制执行，请求责令被执行人徐某退还非法占用的土地6006平方米；拆除在非法占用的6006平方米土地上新建的房屋及其他建筑设施；处以非法占用2253平方米基本农田每平方米30元的罚款，计人民币 67590 元，处以非法占用的 3753 平方米农用地（林地、园地、水域）每平方米 20 元的罚款，计人民币 75060 元，两项合计人民币 142650 元。2016 年 8 月 1 日，你院作出（2016）×行审×号行政裁定书，裁定准予对徐某违法建造在甲市 A 镇某村非法占用的 6006 平方米土地上新建的房屋及其他建筑设施予以强制拆除，由甲市 A 镇人民政府、甲市国土资源局组织实施；准予对徐某欠缴的罚款人民币 142650 元强制收缴，由你院执行。2016 年 12 月 19 日，你院作出（2016）×执×号执行裁定书，以未发现被执行人徐某有实际可供执行的财产，申请执行人亦未提供可供执行的财产线索，故暂不能得到执行，裁定本案本次执行程序终结。

本院在审查过程中发现，你院在高院统一查询系统未查到被执行人徐某任何银行的开户信息，但现有证据表明被执行人徐某在甲市农村商业银行有两个账户。账号为×××的账户从 2016 年 1 月至 2017 年 10 月的对账单显示，该账户与其他账户间有大量大额汇入、转入等交易记录，且反映出徐某在其他银行有另外的开户账号；账号为×××的账户在 2017 年 6 月 8 日获得柜面放款 200000 元，当时徐某已被纳入失信被执行人名单。另，查询得知徐某名下有车牌为×××别克牌小型汽车一辆，登记于 2011 年。

本院认为，被执行人徐某有实际可供执行的财产，你院在执行过程中未穷尽财产调查措施，以未发现被执行人徐某有实际可供执行的财产等为由裁定终结本案本次执行程序不当，且徐某虽被纳入失信被执行人名单，但因录入的身份证号码有误，导致其仍从甲市农村商业银行获取贷款 200000 元。根据《中华人民共和国行政诉讼法》第 101 条、《中华人民共和国民事诉讼法》第

235 条之规定，特提出检察建议：

1. 建议你院对本案依法立案，恢复执行，穷尽财产调查措施，对被执行人徐某的财产情况及时予以核实并采取执行实施措施，执行尚未缴纳的罚款。

2. 对失信被执行人名单中徐某的错误信息予以改正。

3. 建议你院关注高院统一查询系统存在的问题。

请在收到检察建议后三个月内将处理结果书面回复本院。

此致

甲市人民法院

××××年×月×日

广西壮族自治区某矿业公司
违法占地非诉执行监督案

——依申请监督行政非诉执行 "裁而不执"，
保护国土资源不被侵害

一、基本案情

2008年6月，广西壮族自治区甲县某矿业公司未经甲县国土资源行政主管部门批准，非法占用土地，擅自在甲县A镇某村违法建厂，面积达10829.44平方米。2013年3月6日，甲县国土资源局依法作出行政处罚决定，要求某矿业公司拆除在非法占用土地上新建建筑物和构筑物并退还非法占用的土地，对非法占用的土地处以每平方米10元的罚款共计108294.4元。由于某矿业公司拒不执行处罚决定，甲县国土资源局于2013年7月8日向甲县人民法院申请强制执行，要求某矿业公司拆除在非法占用土地上新建建筑物和构筑物并退还非法占用的土地。2013年8月28日，甲县人民法院作出行政裁定，准予执行。

2016年10月14日，因甲县国土资源局与某矿业公司达成执行和解书，甲县人民法院裁定终结本次执行程序。其后，甲县人民法院一直没有执行。

此外，对某矿业公司的罚款108294.4元，甲县国土资源局没有向甲县人民法院申请强制执行。

二、检察机关监督情况

2018年3月19日,甲县国土资源局向甲县人民检察院提出申请,请求监督甲县人民法院执行上述行政裁定。

甲县人民检察院经审查认为,甲县人民法院没有对双方当事人达成的执行和解书进行合法性审查,即裁定终结本次执行程序,确有错误;甲县国土资源局没有严格按照行政处罚决定全部内容向甲县人民法院申请强制执行,确有错误。因此,先后向法院和国土资源局发出检察建议:建议法院对违法行为依法予以纠正,拆除某矿业公司在非法占用的土地上新建的建筑物和其他设施;建议县国土资源局向甲县人民法院申请强制执行对非法占用土地的罚款共计108294.4元。

甲县人民法院收到检察建议后,多次做某矿业公司法定代表人的思想工作。2018年9月,某矿业公司自动拆除了其在非法占用的土地上新建的建筑物和其他设施。

县国土资源局收到检察建议后,及时向甲县人民法院提出申请,强制执行对非法占用的土地处以每平方米10元的罚款共计108294.4元。

三、警示与指导意义

违法占地如不能得到及时、有效、全面查处,必将造成严重的负面影响,损害法律的严肃性和权威性,影响政府的执行力和公信力。本案中,甲县人民法院裁定准予执行后,甲县国土资源局与某矿业公司达成执行和解书,法院未对该和解书是否存在违法情形进行审查,即以此为由裁定终结本次执行程序,且在之后长达四年多的时间内,未采取有效措施执结案件,导致国有土地长期处于受侵害状态；行政机关未严格按照行政处罚决定确定的全部内容申请法院强制执行，属于不完全履行职责。检察机关通过行政非诉执行监督，既促进规范、公正司法，又促进依法行政，实现了双赢多赢共赢。

四、文书指引

广西壮族自治区甲县人民检察院
检察建议书
×检民（行）执监〔2018〕××××号

甲县国土资源局认为，甲县人民法院（2016）×执×号裁定书存在违法情形，向本院申请监督。本案已审查终结。

现查明：某矿业公司未经甲县国土资源行政主管部门批准，于2008年6月擅自在甲县A镇某村占地建厂，面积10829.44平方米，其行为违反了《中华人民共和国土地管理法》第43条第1款及《广西壮族自治区实施〈中华人民共和国土地管理法〉办法》第35条第1款的规定，属非法用地。甲县国土资源局于2013年3月6日作出×国土资监字〔2013〕×号行政处罚决定书，并申请法院强制执行。甲县人民法院2013年8月28日以（2013）×行审字第×号行政裁定书认为：申请人甲县国土资源局于2013年3月6日作出的×国土资监字〔2013〕×号行政处罚决定认定事实清楚，适用法律正确，程序合法，并且已经生效，符合强制执行条件。根据《中华人民共和国行政诉讼法》第66条和《最高人民院关于执行〈中华人民共和国行政诉讼法〉若干问题的解释》第93条之规定，裁定如下：申请人甲县国土资源局申请强制执行×国土资监字〔2013〕×号《行政处罚决定书》第 1 项，本院准予执行。本裁定书自送达之日起生效。在执行过程中，因甲县国土资源局与甲县某矿业公司达成执行和解书，甲县人民法院适用《中华人民共和国民事诉讼法》第 257 条第 1 款第 6 项的规定，作出（2016）×执×号执行裁定书裁定：终结甲县人民法院（2013）×行审字第×号行政裁定书的本次执行程序。

本院认为，甲县国土资源局于 2016 年 10 月 14 日与甲县某矿业公司在执行过程中达成和解，没有合法依据，属于行政违法。你院（2016）×执×号执行裁定书对甲县国土资源局与甲县某矿业公司达成执行和解没有进行合法性审查，即适用《中华人民共和国民事诉讼法》第 257 条第 1 款第 6 项之规定裁定终结本案执行程序，适用法律错误，并且违反了《中华人民共和国行政法诉讼法》第 60 条"人民法院审理行政案件，不适用调解。但是行政赔偿、补偿以及行政机关行使法律、法规规定的自由裁量权的案件可以调解"之规定。

综上所述，（2016）×执×号裁定终结执行程序存在违法情形。经本院检察委员会讨论决定，根据《中华人民共和国行政诉讼法》第 101 条、《人民检察院行政诉讼监督规则（试行）》第 29 条第 8 项的规定，特提出检察建议：请对违法行为依法予以纠正。拆除在非法占用的土地上建的建筑物和其他设施。请在收到检察建议后一个月内将处理结果书面回复本院。

此致
甲县人民法院

××××年×月×日

姬某诉某乡政府确认行政行为违法监督案

——检察机关以听证赢公信，加强行政违法行为调查核实，积极引导当事人和解，有效化解行政争议

一、基本案情

姬某与河南省某村委会因一土地承包合同引发系列纠纷，双方先后提起行政诉讼案件5件和民事诉讼案件2件。其中，2016年10月2日，乡政府应村委会要求，指派数十名工作人员强行丈量案涉土地，后因姬某及家人阻止，量地未果。2017年3月23日，姬某向县人民法院提起本案行政诉讼，请求确认乡政府强行丈量其承包土地的行为违法。县人民法院经审理认为，乡政府丈量土地的行为是调解双方纠纷过程中调查取证行为，属于处理双方纠纷的阶段性行为，且该行为并未侵害原告的合法权益，遂判决驳回原告姬某的诉讼请求。

姬某不服一审判决，提出上诉。市中级人民法院于2018年3月28日作出二审行政裁定，认为乡政府丈量土地的行为未对上诉人权利义务产生影响，不属于行政诉讼受案范围，裁定撤销一审判决，驳回姬某起诉。

姬某不服二审裁定，申请再审。省高级人民法院于2019年4月16日作出再审行政裁定，驳回姬某的再审申请。

2019年6月26日，姬某向市人民检察院申请监督。

二、公开听证情况

为深入了解案件情况,全面听取相关单位和人士意见,确保监督精准,某市人民检察院决定对该案进行公开听证。

听证准备。一是开展听证前法律辅导。听证前,向当事人详细解读听证程序和听证结论的效力,保障当事人全面了解听证的程序和作用,依法充分行使申辩、质证等权利。二是确定9名听证员。包括政府法制部门干部和高校行政法学教授各2名、行政诉讼领域律师3名、原行政审判法官和地产领域企业家各1名。三是邀请相关人员参加。邀请人大代表、政协委员、人民监督员和省检察院、省司法厅、市司法局等有关职能部门人员参加听证会,安排全市行政检察干警代表20余人进行旁听。

听证过程。2019年8月8日,听证会在某市人民检察院召开。本次听证经过事实调查、质证辩论、听证员提问、听证评议、总结讲评等5个环节,并按照下列顺序进行:(1)承办人介绍基本案情和议题;(2)申请人陈述申请监督请求、事实和理由;(3)被申请人发表辩驳意见;(4)申请人和被申请人出示新证据,并说明证据的来源及证明内容;(5)检察院出示依职权调查核实取得的证据;(6)案件各方当事人就听证中所出示证据的合法性、真实性和关联性进行质证并发表意见;(7)听证员对案件事实和证据进行提问;(8)当事人发表最后意见;(9)听证员当场公开发表听证意见;(10)主持人进行归纳总结。

听证结果。通过听证,包括通过多媒体示证,现场播放姬某拍摄的乡政府丈量土地当天的视频,结合当事人陈述,查清了双方纠纷的来龙去脉,查明了相关案件事实:(1)乡政府没有经当事人同意采取调解方式解决纠纷的证据,其丈量土地的行为不能定性为行政调解中的调查取证行为。（2）未经双方当事人同意，乡政府介入民事纠纷并强行丈量土地没有法律依据。（3）乡政府未就案涉纠纷及土地做出任何行政决定，其丈量土地的行为亦没有引起行政法律关系的设立、变更或消灭，不属于具体行政行为。根据听证查明的事实，9名听证员从不同角度进行分析，形成一致意见：该案不属于法院行政诉讼的受案范围，二审法院裁定驳回起诉并无不当，检察机关应作不支持监督申请决定；同时，乡政府介入本案的民事纠纷没有法律依据，不但没有解决问题，反而激化了矛盾，检察机关应向乡政府提出检察建议。

三、检察机关监督情况

市人民检察院综合审查案卷和听证情况，在征求双方当事人同意后，促成对案件进行和解，姬某表示不再追究乡政府，乡政府表示会尽快依法协助解决涉案相关问题。检察机关采纳了听证意见，于2019年8月26日依法作出不支持监督申请决定。8月22日，市检察院向乡政府现场送达检察建议，指出乡政府在处理本案纠纷中存在依法行政意识不够强、行政行为程序不合法、化解社会矛盾不彻底等问题，并分析了原因和后果，从强化法律意识、规范行政行为、提升执法质效等三个方面向乡政府提出了改进工作的具体建议。

四、警示与指导意义

听证是实现检察机关办理法律监督案件公开、公正、公平的一项重要举措，也是检察机关推进开放、透明、阳光司法的一种新尝试。行政诉讼监督案件直接涉及人民群众切身利益，一些案件当事人诉求强烈，服判息诉难，检察机关采取公开听证方式，有利于实现精准监督,推动行政争议的实质性化解。

1. 以公开促进公正,赢取公信。办理行政诉讼监督案件时进行听证,将案件事实公开,充分听取相关人士的意见,有利于提高案件审查透明度、提升司法公信力。本案针对案涉法律关系专业性强的特点,在兼顾广泛代表性的同时,突出法律专业性,从不同行业选取 9 名听证员,并广泛邀请社会人士、上级单位、相关职能部门及检察干警参与旁听,提高了听证结果的可信度。通过办案人员介绍案情、当事人充分发表意见、对相关证据进行质证、听证员提问等,使案件情况公开透明。9 名听证员当场公开发表听证意见,从不同角度阐释自己对案件的看法,当事人原汁原味听取听证员的意见,进一步增强了听证的公正性和说服力。

2. 加强调查核实,确保精准监督。对于行政行为是否违法等尚未查清的事实,在听证中,应当充分利用双方当事人当面质证辩论的优势,进行调查核实。本案听证过程中,通过双方当事人发表意见、出示相关证据、质证及论辩、听证员对案件事实和证据进行提问等,查明乡政府丈量争议土地的行为并不产生行政法律效果,不属于行政诉讼受案范围,但其强行介入申请人与村委会之间的民事纠纷,缺乏法律依据,为检察机关实现精准监督提供了事实根据。

促成现场和解,实质性化解行政争议。解决行政争议、促进社会治理、维护社会和谐稳定是行政诉讼监督的重要任务,通过公开听证与行政和解程序的有机衔接,有利于推动矛盾化解,实现案结事了。本案因乡政府强行介入民事纠纷,导致申请人对国家机关不满,一再提起诉讼,陷入诉累。检察机关通过公开听证,取得双方当事人的信任,当场和解,消除积怨,促进行政争议的实质性化解,体现了以人民为中心的办案理念。

五、文书指引

河南省某市人民检察院
检察建议书

××检民（行）监〔2019〕××号

某县某乡人民政府：

姬某因要求确认乡政府丈量其承包土地行政行为违法提起行政诉讼，又因对生效裁判结果不服于近日向我院申请行政诉讼监督。我院在办案中发现，乡政府在处理姬某与某村委会土地承包合同纠纷过程中存在问题。主要是：

一、依法行政意识不够强。2014年11月27日，某县人民法院裁定准许某村委会撤回诉姬某土地承包合同纠纷一案。2016年9月6日，某村党支部通知姬某2016年9月8日将承包土地交还村集体。2016年9月27日，某村全体党员代表会议研究决定对姬某承包土地重新发包并定于2016年10月2日上午丈量承包土地。根据《土地管理法》第10条的规定，农民集体所有的土地依法属于村农民集体所有，由村集体经济组织或者村民委员会经营、管理；《农村土地承包法》第51条第2款规定，当事人不愿协商、调解或者协商、调解不成的，可以向农村土地承包仲裁机构申请仲裁，也可以直接向人民法院起诉。乡政府在土地承包合同纠纷未有效解决的情况下，没有通过法律途径依法解决问题，而是应某村委会的要求，于2016年10月2日由乡党委、政府时任主要领导带领多名工作人员强行丈量姬某的承包土地，引发现场纠纷并导致姬某母亲在丈量过程中受伤。虽然最终没有改变土地承包关系，但是引起姬某及家人的不满并提起诉讼，影响了基层政府处理群众矛盾纠纷的有效性、公正性。

二、行政行为程序不合法。从庭审调查的证据看，乡政府是应村委会的要求对村委会和姬某的土地承包合同纠纷进行现场调解而丈量姬某的承包土地。根据《农村土地承包法》第25条规定，国家机关及其工作人员不得利用职权干涉农村土地承包或者变更、解除承包合同。因此，政府主导的调解必须是自愿的调解行为，而不是强行的或者基于单方意志的调解行为。本案中，在未征得姬某同意调解的情况下，乡政府以调解的名义介入纠纷并组织人员丈量案涉承包土地的行为没有充分的法律依据。同时，从调查的证据来看，某县人民法院2017年8月30日判决确认乡政府2016年9月22日在对姬某未作出行政决定的情况下直接作出行政强制执行决定违法，2018年9月28日判决确认乡政府2016年7月4日和2016年9月22日的强拆行为违法，2018年12月28日判决乡政府赔偿某县生源农业种植合作社共计33851.56元。

三、化解社会矛盾不彻底。本案中，姬某案涉承包土地先后引发5起行政诉讼案件和3起民事诉讼案件，姬某和村委会曾经选择法律途径解决该土地承包合同纠纷，乡政府虽然也采取一系列措施努力化解姬某和村委会之间的矛盾，但是乡政府以行政行为介入民事纠纷，继而引发多起行政诉讼案件，历时近3年仍未完全了结，导致当事人案结事不了、诉讼不服判。

为了贯彻落实双赢多赢共赢理念，促进基层政府提高依法行政水平，推动全面实施乡村振兴战略，充分保障人民群众合法权益，积极回应人民群众对美好生活的新要求新期待，根据《人民检察院行政诉讼监督规则（试行）》第34条、《人民检察院检察建议工作规定》第3条第1款、第11条第4项之规定，检察机关建议乡政府从以下三个方面改进工作：

一、强化法律知识学习。党的十八大把法治政府基本建成确立为到 2020 年全面建成小康社会的重要目标之一。建设法治政府首先要把政府工作全面纳入法治轨道，深入推进依法行政，严格规范公正文明执法。基层政府工作人员长期奋战在服务群众、化解矛盾纠纷第一线，更需要办事依法、遇事找法、解决问题用法。为此，要把提升基层政府工作人员特别是党政领导干部法治素养摆在重要位置，建立法律知识学习培训长效机制，完善党委政府领导带头学法制度，通过定期开展法制讲座、专题培训等形式，全面学习通用法律知识和与履行职责密切相关的专门法律知识，不断提高法治思维和依法行政能力，依法维护群众合法权益，为全面落实依法治国基本方略、推进法治政府建设奠定坚实的法律基础。

二、依法规范行政行为。基层政府担负着贯彻落实党的方针政策、组织发展农村经济和管理各项社会事务、依法实施国家行政管理工作的重要使命，与群众接触最多、联系最紧，是服务群众的一线指挥部。因此，要牢固树立社会主义法治理念，注重培养依法行政意识与能力，建立健全行政行为事前法制审查制度和处理结果反向审视制度，不但注重学法、遵法、守法，而且要注重用法，自觉养成依法办事的习惯，用制度约束规范行政行为，切实提高运用法治思维和法律手段解决实际问题的能力，在处理群众矛盾纠纷过程中进一步规范程序，全面、及时、依法调查取证，在综合研判全案证据的基础上客观、公平、公正处理涉法涉诉问题，定分止争，化解矛盾，精准回应人民群众的合法诉求，进一步提高人民政府公信力，让群众在每一起案件中都感受到公平正义。

三、提升依法行政质效。我们党的宗旨是全心全意为人民服务。不忘初心、牢记使命，就要深入践行以人民为中心的发展思想，坚持群众利益至上，坚持群众工作无小事，以人民满意不满意、高兴不高兴、赞成不赞成为标准，提升依法行政质效，加强社会矛盾源头治理，建立涉法涉诉矛盾纠纷台账，健全矛盾纠纷风险评估制度，深化诉调对接机制的运用，强化全民普法和释法说理工作，依法为群众解难事化纠纷，让人民群众懂得法律、依靠法律、相信法律、信服法律，努力做到案结事了，息诉服判。同时，加强与有关司法行政机关、检察机关、审判机关等的联系，充分发挥律师在依法行政过程中的作用，在处理重大、疑难、复杂矛盾纠纷中注重多方面听取意见和建议，综合研判各方面情况，客观、公平、公正处理群众诉求，努力实现行政处理决定的政治效果、法律效果和社会效果的有机统一，进一步加强法治政府建设。

针对以上建议，请乡政府及时制定有效措施并抓好整改。请在收到检察建议后一个月内将处理结果书面回复我院。

×××× 年 × 月 × 日

附　录

行政检察主要法律文件规范

一、中华人民共和国人民检察院组织法

（1979年7月1日第五届全国人民代表大会第二次会议通过　根据1983年9月2日第六届全国人民代表大会常务委员会第二次会议《关于修改〈中华人民共和国人民检察院组织法〉的决定》第一次修正　根据1986年12月2日第六届全国人民代表大会常务委员会第十八次会议《关于修改〈中华人民共和国地方各级人民代表大会和地方各级人民政府组织法〉的决定》第二次修正　2018年10月26日第十三届全国人民代表大会常务委员会第六次会议修订）

目　录

第一章　总　则

第二章　人民检察院的设置和职权

第三章　人民检察院的办案组织

第四章　人民检察院的人员组成

第五章　人民检察院行使职权的保障

第六章　附　则

第一章　总　则

第一条　为了规范人民检察院的设置、组织和职权，保障人民检察院依法履行职责，根据宪法，制定本法。

第二条 人民检察院是国家的法律监督机关。

人民检察院通过行使检察权，追诉犯罪，维护国家安全和社会秩序，维护个人和组织的合法权益，维护国家利益和社会公共利益，保障法律正确实施，维护社会公平正义，维护国家法制统一、尊严和权威，保障中国特色社会主义建设的顺利进行。

第三条 人民检察院依照宪法、法律和全国人民代表大会常务委员会的决定设置。

第四条 人民检察院依照法律规定独立行使检察权，不受行政机关、社会团体和个人的干涉。

第五条 人民检察院行使检察权在适用法律上一律平等，不允许任何组织和个人有超越法律的特权，禁止任何形式的歧视。

第六条 人民检察院坚持司法公正，以事实为根据，以法律为准绳，遵守法定程序，尊重和保障人权。

第七条 人民检察院实行司法公开，法律另有规定的除外。

第八条 人民检察院实行司法责任制，建立健全权责统一的司法权力运行机制。

第九条 最高人民检察院对全国人民代表大会及其常务委员会负责并报告工作。地方各级人民检察院对本级人民代表大会及其常务委员会负责并报告工作。

各级人民代表大会及其常务委员会对本级人民检察院的工作实施监督。

第十条 最高人民检察院是最高检察机关。

最高人民检察院领导地方各级人民检察院和专门人民检察院的工作，上级人民检察院领导下级人民检察院的工作。

第十一条 人民检察院应当接受人民群众监督，保障人民群众对人民检察院工作依法享有知情权、参与权和监督权。

第二章　人民检察院的设置和职权

第十二条　人民检察院分为：

（一）最高人民检察院；

（二）地方各级人民检察院；

（三）军事检察院等专门人民检察院。

第十三条　地方各级人民检察院分为：

（一）省级人民检察院，包括省、自治区、直辖市人民检察院；

（二）设区的市级人民检察院，包括省、自治区辖市人民检察院，自治州人民检察院，省、自治区、直辖市人民检察院分院；

（三）基层人民检察院，包括县、自治县、不设区的市、市辖区人民检察院。

第十四条　在新疆生产建设兵团设立的人民检察院的组织、案件管辖范围和检察官任免，依照全国人民代表大会常务委员会的有关规定。

第十五条　专门人民检察院的设置、组织、职权和检察官任免，由全国人民代表大会常务委员会规定。

第十六条　省级人民检察院和设区的市级人民检察院根据检察工作需要，经最高人民检察院和省级有关部门同意，并提请本级人民代表大会常务委员会批准，可以在辖区内特定区域设立人民检察院，作为派出机构。

第十七条　人民检察院根据检察工作需要，可以在监狱、看守所等场所设立检察室，行使派出它的人民检察院的部分职权，也可以对上述场所进行巡回检察。

省级人民检察院设立检察室，应当经最高人民检察院和省级有关部门同意。设区的市级人民检察院、基层人民检察院设立检察室，应当经省级人民检察院和省级有关部门同意。

第十八条　人民检察院根据检察工作需要，设必要的业务机构。检察官员额较少的设区的市级人民检察院和基层人民检察院，可以设综合业务机构。

第十九条　人民检察院根据工作需要，可以设必要的检察辅助机构和行政管理机构。

第二十条　人民检察院行使下列职权：

（一）依照法律规定对有关刑事案件行使侦查权；

（二）对刑事案件进行审查，批准或者决定是否逮捕犯罪嫌疑人；

（三）对刑事案件进行审查，决定是否提起公诉，对决定提起公诉的案件支持公诉；

（四）依照法律规定提起公益诉讼；

（五）对诉讼活动实行法律监督；

（六）对判决、裁定等生效法律文书的执行工作实行法律监督；

（七）对监狱、看守所的执法活动实行法律监督；

（八）法律规定的其他职权。

第二十一条　人民检察院行使本法第二十条规定的法律监督职权，可以进行调查核实，并依法提出抗诉、纠正意见、检察建议。有关单位应当予以配合，并及时将采纳纠正意见、检察建议的情况书面回复人民检察院。

抗诉、纠正意见、检察建议的适用范围及其程序，依照法律有关规定。

第二十二条 最高人民检察院对最高人民法院的死刑复核活动实行监督;对报请核准追诉的案件进行审查,决定是否追诉。

第二十三条 最高人民检察院可以对属于检察工作中具体应用法律的问题进行解释。

第二十四条 上级人民检察院对下级人民检察院行使下列职权:

(一)认为下级人民检察院的决定错误的,指令下级人民检察院纠正,或者依法撤销、变更;

(二)可以对下级人民检察院管辖的案件指定管辖;

(三)可以办理下级人民检察院管辖的案件;

(四)可以统一调用辖区的检察人员办理案件。

上级人民检察院的决定,应当以书面形式作出。

第二十五条 下级人民检察院应当执行上级人民检察院的决定;有不同意见的,可以在执行的同时向上级人民检察院报告。

第二十六条 人民检察院检察长或者检察长委托的副检察长,可以列席同级人民法院审判委员会会议。

第二十七条 人民监督员依照规定对人民检察院的办案活动实行监督。

第三章 人民检察院的办案组织

第二十八条 人民检察院办理案件,根据案件情况可以由一名检察官独任办理,也可以由两名以上检察官组成办案组办理。

由检察官办案组办理的,检察长应当指定一名检察官担任主办检察官,组织、指挥办案组办理案件。

第二十九条 检察官在检察长领导下开展工作,重大办案事项由检察长决定。检察长可以将部分职权委托检察官行使,可以授权检察官签发法律文书。

第三十条 各级人民检察院设检察委员会。检察委员会由检察长、副检察长和若干资深检察官组成，成员应当为单数。

第三十一条 检察委员会履行下列职能：

（一）总结检察工作经验；

（二）讨论决定重大、疑难、复杂案件；

（三）讨论决定其他有关检察工作的重大问题。

最高人民检察院对属于检察工作中具体应用法律的问题进行解释、发布指导性案例，应当由检察委员会讨论通过。

第三十二条 检察委员会召开会议，应当有其组成人员的过半数出席。

检察委员会会议由检察长或者检察长委托的副检察长主持。检察委员会实行民主集中制。

地方各级人民检察院的检察长不同意本院检察委员会多数人的意见，属于办理案件的，可以报请上一级人民检察院决定；属于重大事项的，可以报请上一级人民检察院或者本级人民代表大会常务委员会决定。

第三十三条 检察官可以就重大案件和其他重大问题，提请检察长决定。检察长可以根据案件情况，提交检察委员会讨论决定。

检察委员会讨论案件，检察官对其汇报的事实负责，检察委员会委员对本人发表的意见和表决负责。检察委员会的决定，检察官应当执行。

第三十四条 人民检察院实行检察官办案责任制。检察官对其职权范围内就案件作出的决定负责。检察长、检察委员会对案件作出决定的，承担相应责任。

第四章　人民检察院的人员组成

第三十五条　人民检察院的检察人员由检察长、副检察长、检察委员会委员和检察员等人员组成。

第三十六条　人民检察院检察长领导本院检察工作，管理本院行政事务。人民检察院副检察长协助检察长工作。

第三十七条　最高人民检察院检察长由全国人民代表大会选举和罢免，副检察长、检察委员会委员和检察员由检察长提请全国人民代表大会常务委员会任免。

第三十八条　地方各级人民检察院检察长由本级人民代表大会选举和罢免，副检察长、检察委员会委员和检察员由检察长提请本级人民代表大会常务委员会任免。

地方各级人民检察院检察长的任免，须报上一级人民检察院检察长提请本级人民代表大会常务委员会批准。

省、自治区、直辖市人民检察院分院检察长、副检察长、检察委员会委员和检察员，由省、自治区、直辖市人民检察院检察长提请本级人民代表大会常务委员会任免。

第三十九条　人民检察院检察长任期与产生它的人民代表大会每届任期相同。

全国人民代表大会常务委员会和省、自治区、直辖市人民代表大会常务委员会根据本级人民检察院检察长的建议，可以撤换下级人民检察院检察长、副检察长和检察委员会委员。

第四十条　人民检察院的检察官、检察辅助人员和司法行政人员实行分类管理。

第四十一条　检察官实行员额制。检察官员额根据案件数量、经济社会发展情况、人口数量和人民检察院层级等因素确定。

最高人民检察院检察官员额由最高人民检察院商有关部门确定。地方各级人民检察院检察官员额，在省、自治区、直辖市内实行总量控制、动态管理。

第四十二条 检察官从取得法律职业资格并且具备法律规定的其他条件的人员中选任。初任检察官应当由检察官遴选委员会进行专业能力审核。上级人民检察院的检察官一般从下级人民检察院的检察官中择优遴选。

检察长应当具有法学专业知识和法律职业经历。副检察长、检察委员会委员应当从检察官、法官或者其他具备检察官、法官条件的人员中产生。

检察官的职责、管理和保障，依照《中华人民共和国检察官法》的规定。

第四十三条 人民检察院的检察官助理在检察官指导下负责审查案件材料、草拟法律文书等检察辅助事务。

符合检察官任职条件的检察官助理，经遴选后可以按照检察官任免程序任命为检察官。

第四十四条 人民检察院的书记员负责案件记录等检察辅助事务。

第四十五条 人民检察院的司法警察负责办案场所警戒、人员押解和看管等警务事项。

司法警察依照《中华人民共和国人民警察法》管理。

第四十六条 人民检察院根据检察工作需要，可以设检察技术人员，负责与检察工作有关的事项。

第五章　人民检察院行使职权的保障

第四十七条　任何单位或者个人不得要求检察官从事超出法定职责范围的事务。

对于领导干部等干预司法活动、插手具体案件处理，或者人民检察院内部人员过问案件情况的，办案人员应当全面如实记录并报告；有违法违纪情形的，由有关机关根据情节轻重追究行为人的责任。

第四十八条　人民检察院采取必要措施，维护办案安全。对妨碍人民检察院依法行使职权的违法犯罪行为，依法追究法律责任。

第四十九条　人民检察院实行培训制度，检察官、检察辅助人员和司法行政人员应当接受理论和业务培训。

第五十条　人民检察院人员编制实行专项管理。

第五十一条　人民检察院的经费按照事权划分的原则列入财政预算，保障检察工作需要。

第五十二条　人民检察院应当加强信息化建设，运用现代信息技术，促进司法公开，提高工作效率。

第六章　附　则

第五十三条　本法自 2019 年 1 月 1 日起施行。

二、中华人民共和国行政诉讼法（节选）

（1989年4月4日第七届全国人民代表大会第二次会议通过 根据2014年11月1日第十二届全国人民代表大会常务委员会第十一次会议《关于修改〈中华人民共和国行政诉讼法〉的决定》第一次修正 根据2017年6月27日第十二届全国人民代表大会常务委员会第二十八次会议《关于修改〈中华人民共和国民事诉讼法〉和〈中华人民共和国行政诉讼法〉的决定》第二次修正）

第一章 总 则

第一条 为保证人民法院公正、及时审理行政案件，解决行政争议，保护公民、法人和其他组织的合法权益，监督行政机关依法行使职权，根据宪法，制定本法。

第二条 公民、法人或者其他组织认为行政机关和行政机关工作人员的行政行为侵犯其合法权益，有权依照本法向人民法院提起诉讼。

前款所称行政行为，包括法律、法规、规章授权的组织作出的行政行为。

第三条 人民法院应当保障公民、法人和其他组织的起诉权利，对应当受理的行政案件依法受理。

行政机关及其工作人员不得干预、阻碍人民法院受理行政案件。

被诉行政机关负责人应当出庭应诉。不能出庭的，应当委托行政机关相应的工作人员出庭。

第四条 人民法院依法对行政案件独立行使审判权，不受行政机关、社会团体和个人的干涉。

人民法院设行政审判庭，审理行政案件。

第五条 人民法院审理行政案件，以事实为根据，以法律为准绳。

第六条 人民法院审理行政案件，对行政行为是否合法进行审查。

第七条 人民法院审理行政案件，依法实行合议、回避、公开审判和两审终审制度。

第八条 当事人在行政诉讼中的法律地位平等。

第九条 各民族公民都有用本民族语言、文字进行行政诉讼的权利。

在少数民族聚居或者多民族共同居住的地区，人民法院应当用当地民族通用的语言、文字进行审理和发布法律文书。

人民法院应当对不通晓当地民族通用的语言、文字的诉讼参与人提供翻译。

第十条 当事人在行政诉讼中有权进行辩论。

第十一条 人民检察院有权对行政诉讼实行法律监督。

第四章 诉讼参加人

第二十五条 行政行为的相对人以及其他与行政行为有利害关系的公民、法人或者其他组织，有权提起诉讼。

有权提起诉讼的公民死亡，其近亲属可以提起诉讼。

有权提起诉讼的法人或者其他组织终止，承受其权利的法人或者其他组织可以提起诉讼。

人民检察院在履行职责中发现生态环境和资源保护、食品药品安全、国有财产保护、国有土地使用权出让等领域负有监督管理职责的行政机关违法行使职权或者不作为，致使国家利益或者社会公共利益受到侵害的，应当向行政机关提出检察建议，督促其依法履行职责。行政机关不依法履行职责的，人民检察院依法向人民法院提起诉讼。

第二十六条　公民、法人或者其他组织直接向人民法院提起诉讼的，作出行政行为的行政机关是被告。

经复议的案件，复议机关决定维持原行政行为的，作出原行政行为的行政机关和复议机关是共同被告；复议机关改变原行政行为的，复议机关是被告。

复议机关在法定期限内未作出复议决定，公民、法人或者其他组织起诉原行政行为的，作出原行政行为的行政机关是被告；起诉复议机关不作为的，复议机关是被告。

两个以上行政机关作出同一行政行为的，共同作出行政行为的行政机关是共同被告。

行政机关委托的组织所作的行政行为，委托的行政机关是被告。

行政机关被撤销或者职权变更的，继续行使其职权的行政机关是被告。

第二十七条　当事人一方或者双方为二人以上，因同一行政行为发生的行政案件，或者因同类行政行为发生的行政案件、人民法院认为可以合并审理并经当事人同意的，为共同诉讼。

第二十八条　当事人一方人数众多的共同诉讼，可以由当事人推选代表人进行诉讼。代表人的诉讼行为对其所代表的当事人发生效力，但代表人变更、放弃诉讼请求或者承认对方当事人的诉讼请求，应当经被代表的当事人同意。

第二十九条 公民、法人或者其他组织同被诉行政行为有利害关系但没有提起诉讼，或者同案件处理结果有利害关系的，可以作为第三人申请参加诉讼，或者由人民法院通知参加诉讼。

人民法院判决第三人承担义务或者减损第三人权益的，第三人有权依法提起上诉。

第三十条 没有诉讼行为能力的公民，由其法定代理人代为诉讼。法定代理人互相推诿代理责任的，由人民法院指定其中一人代为诉讼。

第三十一条 当事人、法定代理人，可以委托一至二人作为诉讼代理人。

下列人员可以被委托为诉讼代理人：

（一）律师、基层法律服务工作者；

（二）当事人的近亲属或者工作人员；

（三）当事人所在社区、单位以及有关社会团体推荐的公民。

第三十二条 代理诉讼的律师，有权按照规定查阅、复制本案有关材料，有权向有关组织和公民调查，收集与本案有关的证据。对涉及国家秘密、商业秘密和个人隐私的材料，应当依照法律规定保密。

当事人和其他诉讼代理人有权按照规定查阅、复制本案庭审材料，但涉及国家秘密、商业秘密和个人隐私的内容除外。

第七章 审理和判决

第一节 一般规定

第五十四条 人民法院公开审理行政案件,但涉及国家秘密、个人隐私和法律另有规定的除外。

涉及商业秘密的案件,当事人申请不公开审理的,可以不公开审理。

第五十五条 当事人认为审判人员与本案有利害关系或者有其他关系可能影响公正审判,有权申请审判人员回避。

审判人员认为自己与本案有利害关系或者有其他关系,应当申请回避。

前两款规定,适用于书记员、翻译人员、鉴定人、勘验人。

院长担任审判长时的回避,由审判委员会决定;审判人员的回避,由院长决定;其他人员的回避,由审判长决定。当事人对决定不服的,可以申请复议一次。

第五十六条 诉讼期间,不停止行政行为的执行。但有下列情形之一的,裁定停止执行:

(一)被告认为需要停止执行的;

(二)原告或者利害关系人申请停止执行,人民法院认为该行政行为的执行会造成难以弥补的损失,并且停止执行不损害国家利益、社会公共利益的;

(三)人民法院认为该行政行为的执行会给国家利益、社会公共利益造成重大损害的;

(四)法律、法规规定停止执行的。

当事人对停止执行或者不停止执行的裁定不服的,可以申请复议一次。

第五十七条 人民法院对起诉行政机关没有依法支付抚恤金、最低生活保障金和工伤、医疗社会保险金的案件，权利义务关系明确、不先予执行将严重影响原告生活的，可以根据原告的申请，裁定先予执行。

当事人对先予执行裁定不服的，可以申请复议一次。复议期间不停止裁定的执行。

第五十八条 经人民法院传票传唤，原告无正当理由拒不到庭，或者未经法庭许可中途退庭的，可以按照撤诉处理；被告无正当理由拒不到庭，或者未经法庭许可中途退庭的，可以缺席判决。

第五十九条 诉讼参与人或者其他人有下列行为之一的，人民法院可以根据情节轻重，予以训诫、责令具结悔过或者处一万元以下的罚款、十五日以下的拘留；构成犯罪的，依法追究刑事责任：

（一）有义务协助调查、执行的人，对人民法院的协助调查决定、协助执行通知书，无故推拖、拒绝或者妨碍调查、执行的；

（二）伪造、隐藏、毁灭证据或者提供虚假证明材料，妨碍人民法院审理案件的；

（三）指使、贿买、胁迫他人作伪证或者威胁、阻止证人作证的；

（四）隐藏、转移、变卖、毁损已被查封、扣押、冻结的财产的；

（五）以欺骗、胁迫等非法手段使原告撤诉的；

（六）以暴力、威胁或者其他方法阻碍人民法院工作人员执行职务，或者以哄闹、冲击法庭等方法扰乱人民法院工作秩序的；

（七）对人民法院审判人员或者其他工作人员、诉讼参与人、协助调查和执行的人员恐吓、侮辱、诽谤、诬陷、殴打、围攻或者打击报复的。

人民法院对有前款规定的行为之一的单位，可以对其主要负责人或者直接责任人员依照前款规定予以罚款、拘留；构成犯罪的，依法追究刑事责任。

罚款、拘留须经人民法院院长批准。当事人不服的，可以向上一级人民法院申请复议一次。复议期间不停止执行。

第六十条 人民法院审理行政案件，不适用调解。但是，行政赔偿、补偿以及行政机关行使法律、法规规定的自由裁量权的案件可以调解。

调解应当遵循自愿、合法原则，不得损害国家利益、社会公共利益和他人合法权益。

第六十一条 在涉及行政许可、登记、征收、征用和行政机关对民事争议所作的裁决的行政诉讼中，当事人申请一并解决相关民事争议的，人民法院可以一并审理。

在行政诉讼中，人民法院认为行政案件的审理需以民事诉讼的裁判为依据的，可以裁定中止行政诉讼。

第六十二条 人民法院对行政案件宣告判决或者裁定前，原告申请撤诉的，或者被告改变其所作的行政行为，原告同意并申请撤诉的，是否准许，由人民法院裁定。

第六十三条 人民法院审理行政案件，以法律和行政法规、地方性法规为依据。地方性法规适用于本行政区域内发生的行政案件。

人民法院审理民族自治地方的行政案件，并以该民族自治地方的自治条例和单行条例为依据。

人民法院审理行政案件，参照规章。

第六十四条 人民法院在审理行政案件中，经审查认为本法第五十三条规定的规范性文件不合法的，不作为认定行政行为合法的依据，并向制定机关提出处理建议。

第六十五条 人民法院应当公开发生法律效力的判决书、裁定书，供公众查阅，但涉及国家秘密、商业秘密和个人隐私的内容除外。

第六十六条 人民法院在审理行政案件中，认为行政机关的主管人员、直接责任人员违法违纪的，应当将有关材料移送监察机关、该行政机关或者其上一级行政机关；认为有犯罪行为的，应当将有关材料移送公安、检察机关。

人民法院对被告经传票传唤无正当理由拒不到庭，或者未经法庭许可中途退庭的，可以将被告拒不到庭或者中途退庭的情况予以公告，并可以向监察机关或者被告的上一级行政机关提出依法给予其主要负责人或者直接责任人员处分的司法建议。

第二节 第一审普通程序

第六十七条 人民法院应当在立案之日起五日内，将起诉状副本发送被告。被告应当在收到起诉状副本之日起十五日内向人民法院提交作出行政行为的证据和所依据的规范性文件，并提出答辩状。人民法院应当在收到答辩状之日起五日内，将答辩状副本发送原告。

被告不提出答辩状的，不影响人民法院审理。

第六十八条 人民法院审理行政案件，由审判员组成合议庭，或者由审判员、陪审员组成合议庭。合议庭的成员，应当是三人以上的单数。

第六十九条 行政行为证据确凿，适用法律、法规正确，符合法定程序的，或者原告申请被告履行法定职责或者给付义务理由不成立的，人民法院判决驳回原告的诉讼请求。

第七十条　行政行为有下列情形之一的，人民法院判决撤销或者部分撤销，并可以判决被告重新作出行政行为：

（一）主要证据不足的；

（二）适用法律、法规错误的；

（三）违反法定程序的；

（四）超越职权的；

（五）滥用职权的；

（六）明显不当的。

第七十一条　人民法院判决被告重新作出行政行为的，被告不得以同一的事实和理由作出与原行政行为基本相同的行政行为。

第七十二条　人民法院经过审理，查明被告不履行法定职责的，判决被告在一定期限内履行。

第七十三条　人民法院经过审理，查明被告依法负有给付义务的，判决被告履行给付义务。

第七十四条　行政行为有下列情形之一的，人民法院判决确认违法，但不撤销行政行为：

（一）行政行为依法应当撤销，但撤销会给国家利益、社会公共利益造成重大损害的；

（二）行政行为程序轻微违法，但对原告权利不产生实际影响的。

行政行为有下列情形之一，不需要撤销或者判决履行的，人民法院判决确认违法：

（一）行政行为违法，但不具有可撤销内容的；

（二）被告改变原违法行政行为，原告仍要求确认原行政行为违法的；

（三）被告不履行或者拖延履行法定职责，判决履行没有意义的。

第七十五条　行政行为有实施主体不具有行政主体资格或者没有依据等重大且明显违法情形，原告申请确认行政行为无效的，人民法院判决确认无效。

第七十六条　人民法院判决确认违法或者无效的，可以同时判决责令被告采取补救措施；给原告造成损失的，依法判决被告承担赔偿责任。

第七十七条　行政处罚明显不当，或者其他行政行为涉及对款额的确定、认定确有错误的，人民法院可以判决变更。

人民法院判决变更，不得加重原告的义务或者减损原告的权益。但利害关系人同为原告，且诉讼请求相反的除外。

第七十八条　被告不依法履行、未按照约定履行或者违法变更、解除本法第十二条第一款第十一项规定的协议的，人民法院判决被告承担继续履行、采取补救措施或者赔偿损失等责任。

被告变更、解除本法第十二条第一款第十一项规定的协议合法，但未依法给予补偿的，人民法院判决给予补偿。

第七十九条　复议机关与作出原行政行为的行政机关为共同被告的案件，人民法院应当对复议决定和原行政行为一并作出裁判。

第八十条　人民法院对公开审理和不公开审理的案件，一律公开宣告判决。

当庭宣判的，应当在十日内发送判决书；定期宣判的，宣判后立即发给判决书。

宣告判决时，必须告知当事人上诉权利、上诉期限和上诉的人民法院。

第八十一条 人民法院应当在立案之日起六个月内作出第一审判决。有特殊情况需要延长的，由高级人民法院批准，高级人民法院审理第一审案件需要延长的，由最高人民法院批准。

第三节 简易程序

第八十二条 人民法院审理下列第一审行政案件，认为事实清楚、权利义务关系明确、争议不大的，可以适用简易程序：

（一）被诉行政行为是依法当场作出的；

（二）案件涉及款额二千元以下的；

（三）属于政府信息公开案件的。

除前款规定以外的第一审行政案件，当事人各方同意适用简易程序的，可以适用简易程序。

发回重审、按照审判监督程序再审的案件不适用简易程序。

第八十三条 适用简易程序审理的行政案件，由审判员一人独任审理，并应当在立案之日起四十五日内审结。

第八十四条 人民法院在审理过程中，发现案件不宜适用简易程序的，裁定转为普通程序。

第四节 第二审程序

第八十五条 当事人不服人民法院第一审判决的，有权在判决书送达之日起十五日内向上一级人民法院提起上诉。当事人不服人民法院第一审裁定的，有权在裁定书送达之日起十日内向上一级人民法院提起上诉。逾期不提起上诉的，人民法院的第一审判决或者裁定发生法律效力。

第八十六条 人民法院对上诉案件，应当组成合议庭，开庭审理。经过阅卷、调查和询问当事人，对没有提出新的事实、证据或者理由，合议庭认为不需要开庭审理的，也可以不开庭审理。

第八十七条 人民法院审理上诉案件，应当对原审人民法院的判决、裁定和被诉行政行为进行全面审查。

第八十八条 人民法院审理上诉案件，应当在收到上诉状之日起三个月内作出终审判决。有特殊情况需要延长的，由高级人民法院批准，高级人民法院审理上诉案件需要延长的，由最高人民法院批准。

第八十九条 人民法院审理上诉案件，按照下列情形，分别处理：

（一）原判决、裁定认定事实清楚，适用法律、法规正确的，判决或者裁定驳回上诉，维持原判决、裁定；

（二）原判决、裁定认定事实错误或者适用法律、法规错误的，依法改判、撤销或者变更；

（三）原判决认定基本事实不清、证据不足的，发回原审人民法院重审，或者查清事实后改判；

（四）原判决遗漏当事人或者违法缺席判决等严重违反法定程序的，裁定撤销原判决，发回原审人民法院重审。

原审人民法院对发回重审的案件作出判决后，当事人提起上诉的，第二审人民法院不得再次发回重审。

人民法院审理上诉案件，需要改变原审判决的，应当同时对被诉行政行为作出判决。

第五节 审判监督程序

第九十条 当事人对已经发生法律效力的判决、裁定，认为确有错误的，可以向上一级人民法院申请再审，但判决、裁定不停止执行。

第九十一条　当事人的申请符合下列情形之一的，人民法院应当再审：

（一）不予立案或者驳回起诉确有错误的；

（二）有新的证据，足以推翻原判决、裁定的；

（三）原判决、裁定认定事实的主要证据不足、未经质证或者系伪造的；

（四）原判决、裁定适用法律、法规确有错误的；

（五）违反法律规定的诉讼程序，可能影响公正审判的；

（六）原判决、裁定遗漏诉讼请求的；

（七）据以作出原判决、裁定的法律文书被撤销或者变更的；

（八）审判人员在审理该案件时有贪污受贿、徇私舞弊、枉法裁判行为的。

第九十二条　各级人民法院院长对本院已经发生法律效力的判决、裁定，发现有本法第九十一条规定情形之一，或者发现调解违反自愿原则或者调解书内容违法，认为需要再审的，应当提交审判委员会讨论决定。

最高人民法院对地方各级人民法院已经发生法律效力的判决、裁定，上级人民法院对下级人民法院已经发生法律效力的判决、裁定，发现有本法第九十一条规定情形之一，或者发现调解违反自愿原则或者调解书内容违法的，有权提审或者指令下级人民法院再审。

第九十三条　最高人民检察院对各级人民法院已经发生法律效力的判决、裁定，上级人民检察院对下级人民法院已经发生法律效力的判决、裁定，发现有本法第九十一条规定情形之一，或者发现调解书损害国家利益、社会公共利益的，应当提出抗诉。

地方各级人民检察院对同级人民法院已经发生法律效力的判决、裁定，发现有本法第九十一条规定情形之一，或者发现调解书损害国家利益、社会公共利益的，可以向同级人民法院提出检察建议，并报上级人民检察院备案；也可以提请上级人民检察院向同级人民法院提出抗诉。

各级人民检察院对审判监督程序以外的其他审判程序中审判人员的违法行为，有权向同级人民法院提出检察建议。

第八章 执 行

第九十四条 当事人必须履行人民法院发生法律效力的判决、裁定、调解书。

第九十五条 公民、法人或者其他组织拒绝履行判决、裁定、调解书的，行政机关或者第三人可以向第一审人民法院申请强制执行，或者由行政机关依法强制执行。

第九十六条 行政机关拒绝履行判决、裁定、调解书的，第一审人民法院可以采取下列措施：

（一）对应当归还的罚款或者应当给付的款额，通知银行从该行政机关的账户内划拨；

（二）在规定期限内不履行的，从期满之日起，对该行政机关负责人按日处五十元至一百元的罚款；

（三）将行政机关拒绝履行的情况予以公告；

（四）向监察机关或者该行政机关的上一级行政机关提出司法建议。接受司法建议的机关，根据有关规定进行处理，并将处理情况告知人民法院；

（五）拒不履行判决、裁定、调解书，社会影响恶劣的，可以对该行政机关直接负责的主管人员和其他直接责任人员予以拘留；情节严重，构成犯罪的，依法追究刑事责任。

第九十七条 公民、法人或者其他组织对行政行为在法定期限内不提起诉讼又不履行的，行政机关可以申请人民法院强制执行，或者依法强制执行。

第十章 附 则

第一百零一条 人民法院审理行政案件，关于期间、送达、财产保全、开庭审理、调解、中止诉讼、终结诉讼、简易程序、执行等，以及人民检察院对行政案件受理、审理、裁判、执行的监督，本法没有规定的，适用《中华人民共和国民事诉讼法》的相关规定。

第一百零二条 人民法院审理行政案件，应当收取诉讼费用。诉讼费用由败诉方承担，双方都有责任的由双方分担。收取诉讼费用的具体办法另行规定。

第一百零三条 本法自1990年10月1日起施行。

三、中华人民共和国民事诉讼法（节选）

（1991年4月9日第七届全国人民代表大会第四次会议通过 根据2007年10月28日第十届全国人民代表大会常务委员会第三十次会议《关于修改〈中华人民共和国民事诉讼法〉的决定》第一次修正 根据2012年8月31日第十一届全国人民代表大会常务委员会第二十八次会议《关于修改〈中华人民共和国民事诉讼法〉的决定》第二次修正 根据2017年6月27日第十二届全国人民代表大会常务委员会第二十八次会议《关于修改〈中华人民共和国民事诉讼法〉和〈中华人民共和国行政诉讼法〉的决定》第三次修正）

第一章 任务、适用范围和基本原则

第一条 中华人民共和国民事诉讼法以宪法为根据，结合我国民事审判工作的经验和实际情况制定。

第二条 中华人民共和国民事诉讼法的任务，是保护当事人行使诉讼权利，保证人民法院查明事实，分清是非，正确适用法律，及时审理民事案件，确认民事权利义务关系，制裁民事违法行为，保护当事人的合法权益，教育公民自觉遵守法律，维护社会秩序、经济秩序，保障社会主义建设事业顺利进行。

第三条 人民法院受理公民之间、法人之间、其他组织之间以及他们相互之间因财产关系和人身关系提起的民事诉讼，适用本法的规定。

第四条 凡在中华人民共和国领域内进行民事诉讼,必须遵守本法。

第五条 外国人、无国籍人、外国企业和组织在人民法院起诉、应诉,同中华人民共和国公民、法人和其他组织有同等的诉讼权利义务。

外国法院对中华人民共和国公民、法人和其他组织的民事诉讼权利加以限制的,中华人民共和国人民法院对该国公民、企业和组织的民事诉讼权利,实行对等原则。

第六条 民事案件的审判权由人民法院行使。

人民法院依照法律规定对民事案件独立进行审判,不受行政机关、社会团体和个人的干涉。

第七条 人民法院审理民事案件,必须以事实为根据,以法律为准绳。

第八条 民事诉讼当事人有平等的诉讼权利。人民法院审理民事案件,应当保障和便利当事人行使诉讼权利,对当事人在适用法律上一律平等。

第九条 人民法院审理民事案件,应当根据自愿和合法的原则进行调解;调解不成的,应当及时判决。

第十条 人民法院审理民事案件,依照法律规定实行合议、回避、公开审判和两审终审制度。

第十一条 各民族公民都有用本民族语言、文字进行民事诉讼的权利。

在少数民族聚居或者多民族共同居住的地区,人民法院应当用当地民族通用的语言、文字进行审理和发布法律文书。

人民法院应当对不通晓当地民族通用的语言、文字的诉讼参与人提供翻译。

第十二条 人民法院审理民事案件时，当事人有权进行辩论。

第十三条 民事诉讼应当遵循诚实信用原则。

当事人有权在法律规定的范围内处分自己的民事权利和诉讼权利。

第十四条 人民检察院有权对民事诉讼实行法律监督。

第十五条 机关、社会团体、企业事业单位对损害国家、集体或者个人民事权益的行为，可以支持受损害的单位或者个人向人民法院起诉。

第十六条 民族自治地方的人民代表大会根据宪法和本法的原则，结合当地民族的具体情况，可以制定变通或者补充的规定。自治区的规定，报全国人民代表大会常务委员会批准。自治州、自治县的规定，报省或者自治区的人民代表大会常务委员会批准，并报全国人民代表大会常务委员会备案。

第十六章 审判监督程序

第一百九十八条 各级人民法院院长对本院已经发生法律效力的判决、裁定、调解书，发现确有错误，认为需要再审的，应当提交审判委员会讨论决定。

最高人民法院对地方各级人民法院已经发生法律效力的判决、裁定、调解书，上级人民法院对下级人民法院已经发生法律效力的判决、裁定、调解书，发现确有错误的，有权提审或者指令下级人民法院再审。

第一百九十九条 当事人对已经发生法律效力的判决、裁定，认为有错误的，可以向上一级人民法院申请再审；当事人一方人数众多或者当事人双方为公民的案件，也可以向原审人民法院申请再审。当事人申请再审的，不停止判决、裁定的执行。

第二百条 当事人的申请符合下列情形之一的，人民法院应当再审：

（一）有新的证据，足以推翻原判决、裁定的；

（二）原判决、裁定认定的基本事实缺乏证据证明的；

（三）原判决、裁定认定事实的主要证据是伪造的；

（四）原判决、裁定认定事实的主要证据未经质证的；

（五）对审理案件需要的主要证据，当事人因客观原因不能自行收集，书面申请人民法院调查收集，人民法院未调查收集的；

（六）原判决、裁定适用法律确有错误的；

（七）审判组织的组成不合法或者依法应当回避的审判人员没有回避的；

（八）无诉讼行为能力人未经法定代理人代为诉讼或者应当参加诉讼的当事人，因不能归责于本人或者其诉讼代理人的事由，未参加诉讼的；

（九）违反法律规定，剥夺当事人辩论权利的；

（十）未经传票传唤，缺席判决的；

（十一）原判决、裁定遗漏或者超出诉讼请求的；

（十二）据以作出原判决、裁定的法律文书被撤销或者变更的；

（十三）审判人员审理该案件时有贪污受贿，徇私舞弊，枉法裁判行为的。

第二百零一条 当事人对已经发生法律效力的调解书，提出证据证明调解违反自愿原则或者调解协议的内容违反法律的，可以申请再审。经人民法院审查属实的，应当再审。

第二百零二条 当事人对已经发生法律效力的解除婚姻关系的判决、调解书，不得申请再审。

第二百零三条 当事人申请再审的，应当提交再审申请书等材料。人民法院应当自收到再审申请书之日起五日内将再审申请书副本发送对方当事人。对方当事人应当自收到再审申请书副本之日起十五日内提交书面意见；不提交书面意见的，不影响人民法院审查。人民法院可以要求申请人和对方当事人补充有关材料，询问有关事项。

第二百零四条 人民法院应当自收到再审申请书之日起三个月内审查，符合本法规定的，裁定再审；不符合本法规定的，裁定驳回申请。有特殊情况需要延长的，由本院院长批准。

因当事人申请裁定再审的案件由中级人民法院以上的人民法院审理，但当事人依照本法第一百九十九条的规定选择向基层人民法院申请再审的除外。最高人民法院、高级人民法院裁定再审的案件，由本院再审或者交其他人民法院再审，也可以交原审人民法院再审。

第二百零五条 当事人申请再审，应当在判决、裁定发生法律效力后六个月内提出；有本法第二百条第一项、第三项、第十二项、第十三项规定情形的，自知道或者应当知道之日起六个月内提出。

第二百零六条 按照审判监督程序决定再审的案件，裁定中止原判决、裁定、调解书的执行，但追索赡养费、扶养费、抚育费、抚恤金、医疗费用、劳动报酬等案件，可以不中止执行。

第二百零七条 人民法院按照审判监督程序再审的案件，发生法律效力的判决、裁定是由第一审法院作出的，按照第一审程序审理，所作的判决、裁定，当事人可以上诉；发生法律效力的判决、裁定是由第二审法院作出的，按照第二审程序审理，所作的判决、裁定，是发生法律效力的判决、裁定；上级人民法院按照审判监督程序提审的，按照第二审程序审理，所作的判决、裁定是发生法律效力的判决、裁定。

人民法院审理再审案件，应当另行组成合议庭。

第二百零八条 最高人民检察院对各级人民法院已经发生法律效力的判决、裁定，上级人民检察院对下级人民法院已经发生法律效力的判决、裁定，发现有本法第二百条规定情形之一的，或者发现调解书损害国家利益、社会公共利益的，应当提出抗诉。

地方各级人民检察院对同级人民法院已经发生法律效力的判决、裁定，发现有本法第二百条规定情形之一的，或者发现调解书损害国家利益、社会公共利益的，可以向同级人民法院提出检察建议，并报上级人民检察院备案；也可以提请上级人民检察院向同级人民法院提出抗诉。

各级人民检察院对审判监督程序以外的其他审判程序中审判人员的违法行为，有权向同级人民法院提出检察建议。

第二百零九条 有下列情形之一的，当事人可以向人民检察院申请检察建议或者抗诉：

（一）人民法院驳回再审申请的；

（二）人民法院逾期未对再审申请作出裁定的；

（三）再审判决、裁定有明显错误的。

人民检察院对当事人的申请应当在三个月内进行审查，作出提出或者不予提出检察建议或者抗诉的决定。当事人不得再次向人民检察院申请检察建议或者抗诉。

第二百一十条 人民检察院因履行法律监督职责提出检察建

议或者抗诉的需要，可以向当事人或者案外人调查核实有关情况。

第二百一十一条 人民检察院提出抗诉的案件，接受抗诉的人民法院应当自收到抗诉书之日起三十日内作出再审的裁定；有本法第二百条第一项至第五项规定情形之一的，可以交下一级人民法院再审，但经该下一级人民法院再审的除外。

第二百一十二条 人民检察院决定对人民法院的判决、裁定、调解书提出抗诉的，应当制作抗诉书。

第二百一十三条 人民检察院提出抗诉的案件，人民法院再审时，应当通知人民检察院派员出席法庭。

第十九章 一般规定

第二百二十四条 发生法律效力的民事判决、裁定，以及刑事判决、裁定中的财产部分，由第一审人民法院或者与第一审人民法院同级的被执行的财产所在地人民法院执行。

法律规定由人民法院执行的其他法律文书，由被执行人住所地或者被执行的财产所在地人民法院执行。

第二百二十五条 当事人、利害关系人认为执行行为违反法律规定的，可以向负责执行的人民法院提出书面异议。当事人、利害关系人提出书面异议的，人民法院应当自收到书面异议之日起十五日内审查，理由成立的，裁定撤销或者改正；理由不成立的，裁定驳回。当事人、利害关系人对裁定不服的，可以自裁定送达之日起十日内向上一级人民法院申请复议。

第二百二十六条 人民法院自收到申请执行书之日起超过六个月未执行的，申请执行人可以向上一级人民法院申请执行。上一级人民法院经审查，可以责令原人民法院在一定期限内执行，也可以决定由本院执行或者指令其他人民法院执行。

第二百二十七条 执行过程中，案外人对执行标的提出书面异议的，人民法院应当自收到书面异议之日起十五日内审查，理由成立的，裁定中止对该标的的执行；理由不成立的，裁定驳回。案外人、当事人对裁定不服，认为原判决、裁定错误的，依照审判监督程序办理；与原判决、裁定无关的，可以自裁定送达之日起十五日内向人民法院提起诉讼。

第二百二十八条 执行工作由执行员进行。

采取强制执行措施时，执行员应当出示证件。执行完毕后，应当将执行情况制作笔录，由在场的有关人员签名或者盖章。

人民法院根据需要可以设立执行机构。

第二百二十九条 被执行人或者被执行的财产在外地的，可以委托当地人民法院代为执行。受委托人民法院收到委托函件后，必须在十五日内开始执行，不得拒绝。执行完毕后，应当将执行结果及时函复委托人民法院；在三十日内如果还未执行完毕，也应当将执行情况函告委托人民法院。

受委托人民法院自收到委托函件之日起十五日内不执行的，委托人民法院可以请求受委托人民法院的上级人民法院指令受委托人民法院执行。

第二百三十条 在执行中，双方当事人自行和解达成协议的，执行员应当将协议内容记入笔录，由双方当事人签名或者盖章。

申请执行人因受欺诈、胁迫与被执行人达成和解协议，或者当事人不履行和解协议的，人民法院可以根据当事人的申请，恢复对原生效法律文书的执行。

第二百三十一条 在执行中，被执行人向人民法院提供担保，并经申请执行人同意的，人民法院可以决定暂缓执行及暂缓执行的期限。被执行人逾期仍不履行的，人民法院有权执行被执行人的担保财产或者担保人的财产。

第二百三十二条　作为被执行人的公民死亡的，以其遗产偿还债务。作为被执行人的法人或者其他组织终止的，由其权利义务承受人履行义务。

第二百三十三条　执行完毕后，据以执行的判决、裁定和其他法律文书确有错误，被人民法院撤销的，对已被执行的财产，人民法院应当作出裁定，责令取得财产的人返还；拒不返还的，强制执行。

第二百三十四条　人民法院制作的调解书的执行，适用本编的规定。

第二百三十五条　人民检察院有权对民事执行活动实行法律监督。

第二十一章　执行措施

第二百四十一条　被执行人未按执行通知履行法律文书确定的义务，应当报告当前以及收到执行通知之日前一年的财产情况。被执行人拒绝报告或者虚假报告的，人民法院可以根据情节轻重对被执行人或者其法定代理人、有关单位的主要负责人或者直接责任人员予以罚款、拘留。

第二百四十二条　被执行人未按执行通知履行法律文书确定的义务，人民法院有权向有关单位查询被执行人的存款、债券、股票、基金份额等财产情况。人民法院有权根据不同情形扣押、冻结、划拨、变价被执行人的财产。人民法院查询、扣押、冻结、划拨、变价的财产不得超出被执行人应当履行义务的范围。

人民法院决定扣押、冻结、划拨、变价财产，应当作出裁定，并发出协助执行通知书，有关单位必须办理。

第二百四十三条　被执行人未按执行通知履行法律文书确定的义务，人民法院有权扣留、提取被执行人应当履行义务部分的收入。但应当保留被执行人及其所扶养家属的生活必需费用。

人民法院扣留、提取收入时，应当作出裁定，并发出协助执行通知书，被执行人所在单位、银行、信用合作社和其他有储蓄业务的单位必须办理。

第二百四十四条　被执行人未按执行通知履行法律文书确定的义务，人民法院有权查封、扣押、冻结、拍卖、变卖被执行人应当履行义务部分的财产。但应当保留被执行人及其所扶养家属的生活必需品。

采取前款措施，人民法院应当作出裁定。

第二百四十五条　人民法院查封、扣押财产时，被执行人是公民的，应当通知被执行人或者他的成年家属到场；被执行人是法人或者其他组织的，应当通知其法定代表人或者主要负责人到场。拒不到场的，不影响执行。被执行人是公民的，其工作单位或者财产所在地的基层组织应当派人参加。

对被查封、扣押的财产，执行员必须造具清单，由在场人签名或者盖章后，交被执行人一份。被执行人是公民的，也可以交他的成年家属一份。

第二百四十六条　被查封的财产，执行员可以指定被执行人负责保管。因被执行人的过错造成的损失，由被执行人承担。

第二百四十七条　财产被查封、扣押后，执行员应当责令被执行人在指定期间履行法律文书确定的义务。被执行人逾期不履行的，人民法院应当拍卖被查封、扣押的财产；不适于拍卖或者当事人双方同意不进行拍卖的，人民法院可以委托有关单位变卖或者自行变卖。国家禁止自由买卖的物品，交有关单位按照国家规定的价格收购。

第二百四十八条 被执行人不履行法律文书确定的义务，并隐匿财产的，人民法院有权发出搜查令，对被执行人及其住所或者财产隐匿地进行搜查。

采取前款措施，由院长签发搜查令。

第二百四十九条 法律文书指定交付的财物或者票证，由执行员传唤双方当事人当面交付，或者由执行员转交，并由被交付人签收。

有关单位持有该项财物或者票证的，应当根据人民法院的协助执行通知书转交，并由被交付人签收。

有关公民持有该项财物或者票证的，人民法院通知其交出。拒不交出的，强制执行。

第二百五十条 强制迁出房屋或者强制退出土地，由院长签发公告，责令被执行人在指定期间履行。被执行人逾期不履行的，由执行员强制执行。

强制执行时，被执行人是公民的，应当通知被执行人或者他的成年家属到场；被执行人是法人或者其他组织的，应当通知其法定代表人或者主要负责人到场。拒不到场的，不影响执行。被执行人是公民的，其工作单位或者房屋、土地所在地的基层组织应当派人参加。执行员应当将强制执行情况记入笔录，由在场人签名或者盖章。

强制迁出房屋被搬出的财物，由人民法院派人运至指定处所，交给被执行人。被执行人是公民的，也可以交给他的成年家属。因拒绝接收而造成的损失，由被执行人承担。

第二百五十一条 在执行中，需要办理有关财产权证照转移手续的，人民法院可以向有关单位发出协助执行通知书，有关单位必须办理。

第二百五十二条 对判决、裁定和其他法律文书指定的行为，被执行人未按执行通知履行的，人民法院可以强制执行或者委托有关单位或者其他人完成，费用由被执行人承担。

第二百五十三条 被执行人未按判决、裁定和其他法律文书指定的期间履行给付金钱义务的，应当加倍支付迟延履行期间的债务利息。被执行人未按判决、裁定和其他法律文书指定的期间履行其他义务的，应当支付迟延履行金。

第二百五十四条 人民法院采取本法第二百四十二条、第二百四十三条、第二百四十四条规定的执行措施后，被执行人仍不能偿还债务的，应当继续履行义务。债权人发现被执行人有其他财产的，可以随时请求人民法院执行。

第二百五十五条 被执行人不履行法律文书确定的义务的，人民法院可以对其采取或者通知有关单位协助采取限制出境，在征信系统记录、通过媒体公布不履行义务信息以及法律规定的其他措施。

第二十二章 执行中止和终结

第二百五十六条 有下列情形之一的，人民法院应当裁定中止执行：

（一）申请人表示可以延期执行的；

（二）案外人对执行标的提出确有理由的异议的；

（三）作为一方当事人的公民死亡，需要等待继承人继承权利或者承担义务的；

（四）作为一方当事人的法人或者其他组织终止，尚未确定权利义务承受人的；

（五）人民法院认为应当中止执行的其他情形。

中止的情形消失后，恢复执行。

第二百五十七条 有下列情形之一的，人民法院裁定终结执行：

（一）申请人撤销申请的；

（二）据以执行的法律文书被撤销的；

（三）作为被执行人的公民死亡，无遗产可供执行，又无义务承担人的；

（四）追索赡养费、扶养费、抚育费案件的权利人死亡的；

（五）作为被执行人的公民因生活困难无力偿还借款，无收入来源，又丧失劳动能力的；

（六）人民法院认为应当终结执行的其他情形。

第二百五十八条 中止和终结执行的裁定，送达当事人后立即生效。

四、中华人民共和国行政强制法

(2011年6月30日第十一届全国人民代表大会常务委员会第二十一次会议通过)

目 录

第一章 总 则

第二章 行政强制的种类和设定

第三章 行政强制措施实施程序

 第一节 一般规定

 第二节 查封、扣押

 第三节 冻结

第四章 行政机关强制执行程序

 第一节 一般规定

 第二节 金钱给付义务的执行

 第三节 代履行

第五章 申请人民法院强制执行

第六章 法律责任

第七章 附 则

第一章 总 则

第一条 为了规范行政强制的设定和实施,保障和监督行政机关依法履行职责，维护公共利益和社会秩序，保护公民、法人和其他组织的合法权益，根据宪法，制定本法。

第二条 本法所称行政强制，包括行政强制措施和行政强制执行。

行政强制措施，是指行政机关在行政管理过程中，为制止违法行为、防止证据损毁、避免危害发生、控制危险扩大等情形，依法对公民的人身自由实施暂时性限制，或者对公民、法人或者其他组织的财物实施暂时性控制的行为。

行政强制执行，是指行政机关或者行政机关申请人民法院，对不履行行政决定的公民、法人或者其他组织，依法强制履行义务的行为。

第三条 行政强制的设定和实施，适用本法。

发生或者即将发生自然灾害、事故灾难、公共卫生事件或者社会安全事件等突发事件，行政机关采取应急措施或者临时措施，依照有关法律、行政法规的规定执行。

行政机关采取金融业审慎监管措施、进出境货物强制性技术监控措施，依照有关法律、行政法规的规定执行。

第四条 行政强制的设定和实施，应当依照法定的权限、范围、条件和程序。

第五条 行政强制的设定和实施，应当适当。采用非强制手段可以达到行政管理目的的，不得设定和实施行政强制。

第六条 实施行政强制，应当坚持教育与强制相结合。

第七条 行政机关及其工作人员不得利用行政强制权为单位或者个人谋取利益。

第八条 公民、法人或者其他组织对行政机关实施行政强制，享有陈述权、申辩权；有权依法申请行政复议或者提起行政诉讼；因行政机关违法实施行政强制受到损害的，有权依法要求赔偿。

公民、法人或者其他组织因人民法院在强制执行中有违法行为或者扩大强制执行范围受到损害的，有权依法要求赔偿。

第二章 行政强制的种类和设定

第九条 行政强制措施的种类：

（一）限制公民人身自由；

（二）查封场所、设施或者财物；

（三）扣押财物；

（四）冻结存款、汇款；

（五）其他行政强制措施。

第十条 行政强制措施由法律设定。

尚未制定法律，且属于国务院行政管理职权事项的，行政法规可以设定除本法第九条第一项、第四项和应当由法律规定的行政强制措施以外的其他行政强制措施。

尚未制定法律、行政法规，且属于地方性事务的，地方性法规可以设定本法第九条第二项、第三项的行政强制措施。

法律、法规以外的其他规范性文件不得设定行政强制措施。

第十一条 法律对行政强制措施的对象、条件、种类作了规定的，行政法规、地方性法规不得作出扩大规定。

法律中未设定行政强制措施的，行政法规、地方性法规不得设定行政强制措施。但是，法律规定特定事项由行政法规规定具体管理措施的，行政法规可以设定除本法第九条第一项、第四项和应当由法律规定的行政强制措施以外的其他行政强制措施。

第十二条 行政强制执行的方式：

（一）加处罚款或者滞纳金；

（二）划拨存款、汇款；

（三）拍卖或者依法处理查封、扣押的场所、设施或者财物；

（四）排除妨碍、恢复原状；

（五）代履行；

（六）其他强制执行方式。

第十三条 行政强制执行由法律设定。

法律没有规定行政机关强制执行的，作出行政决定的行政机关应当申请人民法院强制执行。

第十四条 起草法律草案、法规草案，拟设定行政强制的，起草单位应当采取听证会、论证会等形式听取意见，并向制定机关说明设定该行政强制的必要性、可能产生的影响以及听取和采纳意见的情况。

第十五条 行政强制的设定机关应当定期对其设定的行政强制进行评价，并对不适当的行政强制及时予以修改或者废止。

行政强制的实施机关可以对已设定的行政强制的实施情况及存在的必要性适时进行评价，并将意见报告该行政强制的设定机关。

公民、法人或者其他组织可以向行政强制的设定机关和实施机关就行政强制的设定和实施提出意见和建议。有关机关应当认真研究论证，并以适当方式予以反馈。

第三章 行政强制措施实施程序

第一节 一般规定

第十六条 行政机关履行行政管理职责，依照法律、法规的规定，实施行政强制措施。

违法行为情节显著轻微或者没有明显社会危害的，可以不采取行政强制措施。

第十七条 行政强制措施由法律、法规规定的行政机关在法定职权范围内实施。行政强制措施权不得委托。

依据《中华人民共和国行政处罚法》的规定行使相对集中行政处罚权的行政机关，可以实施法律、法规规定的与行政处罚权有关的行政强制措施。

行政强制措施应当由行政机关具备资格的行政执法人员实施，其他人员不得实施。

第十八条 行政机关实施行政强制措施应当遵守下列规定：

（一）实施前须向行政机关负责人报告并经批准；

（二）由两名以上行政执法人员实施；

（三）出示执法身份证件；

（四）通知当事人到场；

（五）当场告知当事人采取行政强制措施的理由、依据以及当事人依法享有的权利、救济途径；

（六）听取当事人的陈述和申辩；

（七）制作现场笔录；

（八）现场笔录由当事人和行政执法人员签名或者盖章，当事人拒绝的，在笔录中予以注明；

（九）当事人不到场的，邀请见证人到场，由见证人和行政执法人员在现场笔录上签名或者盖章；

（十）法律、法规规定的其他程序。

第十九条 情况紧急，需要当场实施行政强制措施的，行政执法人员应当在二十四小时内向行政机关负责人报告，并补办批准手续。行政机关负责人认为不应当采取行政强制措施的，应当立即解除。

第二十条 依照法律规定实施限制公民人身自由的行政强制措施，除应当履行本法第十八条规定的程序外，还应当遵守下列规定：

（一）当场告知或者实施行政强制措施后立即通知当事人家属实施行政强制措施的行政机关、地点和期限；

（二）在紧急情况下当场实施行政强制措施的，在返回行政机关后，立即向行政机关负责人报告并补办批准手续；

（三）法律规定的其他程序。

实施限制人身自由的行政强制措施不得超过法定期限。实施行政强制措施的目的已经达到或者条件已经消失，应当立即解除。

第二十一条 违法行为涉嫌犯罪应当移送司法机关的，行政机关应当将查封、扣押、冻结的财物一并移送，并书面告知当事人。

第二节 查封、扣押

第二十二条 查封、扣押应当由法律、法规规定的行政机关实施，其他任何行政机关或者组织不得实施。

第二十三条 查封、扣押限于涉案的场所、设施或者财物，不得查封、扣押与违法行为无关的场所、设施或者财物；不得查封、扣押公民个人及其所扶养家属的生活必需品。

当事人的场所、设施或者财物已被其他国家机关依法查封的，不得重复查封。

第二十四条 行政机关决定实施查封、扣押的，应当履行本法第十八条规定的程序，制作并当场交付查封、扣押决定书和清单。

查封、扣押决定书应当载明下列事项：

（一）当事人的姓名或者名称、地址；

（二）查封、扣押的理由、依据和期限；

（三）查封、扣押场所、设施或者财物的名称、数量等；

（四）申请行政复议或者提起行政诉讼的途径和期限；

（五）行政机关的名称、印章和日期。

查封、扣押清单一式二份，由当事人和行政机关分别保存。

第二十五条 查封、扣押的期限不得超过三十日；情况复杂的，经行政机关负责人批准，可以延长，但是延长期限不得超过三十日。法律、行政法规另有规定的除外。

延长查封、扣押的决定应当及时书面告知当事人，并说明理由。

对物品需要进行检测、检验、检疫或者技术鉴定的，查封、扣押的期间不包括检测、检验、检疫或者技术鉴定的期间。检测、检验、检疫或者技术鉴定的期间应当明确，并书面告知当事人。检测、检验、检疫或者技术鉴定的费用由行政机关承担。

第二十六条 对查封、扣押的场所、设施或者财物，行政机关应当妥善保管，不得使用或者损毁；造成损失的，应当承担赔偿责任。

对查封的场所、设施或者财物，行政机关可以委托第三人保管，第三人不得损毁或者擅自转移、处置。因第三人的原因造成的损失，行政机关先行赔付后，有权向第三人追偿。

因查封、扣押发生的保管费用由行政机关承担。

第二十七条 行政机关采取查封、扣押措施后，应当及时查清事实，在本法第二十五条规定的期限内作出处理决定。对违法事实清楚，依法应当没收的非法财物予以没收；法律、行政法规规定应当销毁的，依法销毁；应当解除查封、扣押的，作出解除查封、扣押的决定。

第二十八条 有下列情形之一的，行政机关应当及时作出解除查封、扣押决定：

（一）当事人没有违法行为；

（二）查封、扣押的场所、设施或者财物与违法行为无关；

（三）行政机关对违法行为已经作出处理决定，不再需要查封、扣押；

（四）查封、扣押期限已经届满；

（五）其他不再需要采取查封、扣押措施的情形。

解除查封、扣押应当立即退还财物；已将鲜活物品或者其他不易保管的财物拍卖或者变卖的，退还拍卖或者变卖所得款项。变卖价格明显低于市场价格，给当事人造成损失的，应当给予补偿。

第三节 冻 结

第二十九条 冻结存款、汇款应当由法律规定的行政机关实施，不得委托给其他行政机关或者组织；其他任何行政机关或者组织不得冻结存款、汇款。

冻结存款、汇款的数额应当与违法行为涉及的金额相当；已被其他国家机关依法冻结的，不得重复冻结。

第三十条 行政机关依照法律规定决定实施冻结存款、汇款的，应当履行本法第十八条第一项、第二项、第三项、第七项规定的程序，并向金融机构交付冻结通知书。

金融机构接到行政机关依法作出的冻结通知书后，应当立即予以冻结，不得拖延，不得在冻结前向当事人泄露信息。

法律规定以外的行政机关或者组织要求冻结当事人存款、汇款的，金融机构应当拒绝。

第三十一条 依照法律规定冻结存款、汇款的，作出决定的行政机关应当在三日内向当事人交付冻结决定书。冻结决定书应当载明下列事项：

（一）当事人的姓名或者名称、地址；

（二）冻结的理由、依据和期限；

（三）冻结的账号和数额；

（四）申请行政复议或者提起行政诉讼的途径和期限；

（五）行政机关的名称、印章和日期。

第三十二条 自冻结存款、汇款之日起三十日内，行政机关应当作出处理决定或者作出解除冻结决定；情况复杂的，经行政机关负责人批准，可以延长，但是延长期限不得超过三十日。法律另有规定的除外。

延长冻结的决定应当及时书面告知当事人，并说明理由。

第三十三条 有下列情形之一的，行政机关应当及时作出解除冻结决定：

（一）当事人没有违法行为；

（二）冻结的存款、汇款与违法行为无关；

（三）行政机关对违法行为已经作出处理决定，不再需要冻结；

（四）冻结期限已经届满；

（五）其他不再需要采取冻结措施的情形。

行政机关作出解除冻结决定的，应当及时通知金融机构和当事人。金融机构接到通知后，应当立即解除冻结。

行政机关逾期未作出处理决定或者解除冻结决定的，金融机构应当自冻结期满之日起解除冻结。

第四章 行政机关强制执行程序

第一节 一般规定

第三十四条 行政机关依法作出行政决定后，当事人在行政机关决定的期限内不履行义务的，具有行政强制执行权的行政机关依照本章规定强制执行。

第三十五条 行政机关作出强制执行决定前，应当事先催告当事人履行义务。催告应当以书面形式作出，并载明下列事项：

（一）履行义务的期限；

（二）履行义务的方式；

（三）涉及金钱给付的，应当有明确的金额和给付方式；

（四）当事人依法享有的陈述权和申辩权。

第三十六条 当事人收到催告书后有权进行陈述和申辩。行政机关应当充分听取当事人的意见，对当事人提出的事实、理由和证据，应当进行记录、复核。当事人提出的事实、理由或者证据成立的，行政机关应当采纳。

第三十七条 经催告，当事人逾期仍不履行行政决定，且无正当理由的，行政机关可以作出强制执行决定。

强制执行决定应当以书面形式作出，并载明下列事项：

（一）当事人的姓名或者名称、地址；

（二）强制执行的理由和依据；

（三）强制执行的方式和时间；

（四）申请行政复议或者提起行政诉讼的途径和期限；

（五）行政机关的名称、印章和日期。

在催告期间，对有证据证明有转移或者隐匿财物迹象的，行政机关可以作出立即强制执行决定。

第三十八条 催告书、行政强制执行决定书应当直接送达当事人。当事人拒绝接收或者无法直接送达当事人的,应当依照《中华人民共和国民事诉讼法》的有关规定送达。

第三十九条 有下列情形之一的,中止执行:

(一)当事人履行行政决定确有困难或者暂无履行能力的;

(二)第三人对执行标的主张权利,确有理由的;

(三)执行可能造成难以弥补的损失,且中止执行不损害公共利益的;

(四)行政机关认为需要中止执行的其他情形。

中止执行的情形消失后,行政机关应当恢复执行。对没有明显社会危害,当事人确无能力履行,中止执行满三年未恢复执行的,行政机关不再执行。

第四十条 有下列情形之一的,终结执行:

(一)公民死亡,无遗产可供执行,又无义务承受人的;

(二)法人或者其他组织终止,无财产可供执行,又无义务承受人的;

(三)执行标的灭失的;

(四)据以执行的行政决定被撤销的;

(五)行政机关认为需要终结执行的其他情形。

第四十一条 在执行中或者执行完毕后,据以执行的行政决定被撤销、变更,或者执行错误的,应当恢复原状或者退还财物;不能恢复原状或者退还财物的,依法给予赔偿。

第四十二条 实施行政强制执行,行政机关可以在不损害公共利益和他人合法权益的情况下,与当事人达成执行协议。执行协议可以约定分阶段履行;当事人采取补救措施的,可以减免加处的罚款或者滞纳金。

执行协议应当履行。当事人不履行执行协议的，行政机关应当恢复强制执行。

第四十三条 行政机关不得在夜间或者法定节假日实施行政强制执行。但是，情况紧急的除外。

行政机关不得对居民生活采取停止供水、供电、供热、供燃气等方式迫使当事人履行相关行政决定。

第四十四条 对违法的建筑物、构筑物、设施等需要强制拆除的，应当由行政机关予以公告，限期当事人自行拆除。当事人在法定期限内不申请行政复议或者提起行政诉讼，又不拆除的，行政机关可以依法强制拆除。

第二节 金钱给付义务的执行

第四十五条 行政机关依法作出金钱给付义务的行政决定，当事人逾期不履行的，行政机关可以依法加处罚款或者滞纳金。加处罚款或者滞纳金的标准应当告知当事人。

加处罚款或者滞纳金的数额不得超出金钱给付义务的数额。

第四十六条 行政机关依照本法第四十五条规定实施加处罚款或者滞纳金超过三十日，经催告当事人仍不履行的，具有行政强制执行权的行政机关可以强制执行。

行政机关实施强制执行前，需要采取查封、扣押、冻结措施的，依照本法第三章规定办理。

没有行政强制执行权的行政机关应当申请人民法院强制执行。但是，当事人在法定期限内不申请行政复议或者提起行政诉讼，经催告仍不履行的，在实施行政管理过程中已经采取查封、扣押措施的行政机关，可以将查封、扣押的财物依法拍卖抵缴罚款。

第四十七条 划拨存款、汇款应当由法律规定的行政机关决定，并书面通知金融机构。金融机构接到行政机关依法作出划拨存款、汇款的决定后，应当立即划拨。

法律规定以外的行政机关或者组织要求划拨当事人存款、汇款的，金融机构应当拒绝。

第四十八条　依法拍卖财物，由行政机关委托拍卖机构依照《中华人民共和国拍卖法》的规定办理。

第四十九条　划拨的存款、汇款以及拍卖和依法处理所得的款项应当上缴国库或者划入财政专户。任何行政机关或者个人不得以任何形式截留、私分或者变相私分。

第三节　代履行

第五十条　行政机关依法作出要求当事人履行排除妨碍、恢复原状等义务的行政决定，当事人逾期不履行，经催告仍不履行，其后果已经或者将危害交通安全、造成环境污染或者破坏自然资源的，行政机关可以代履行，或者委托没有利害关系的第三人代履行。

第五十一条　代履行应当遵守下列规定：

（一）代履行前送达决定书，代履行决定书应当载明当事人的姓名或者名称、地址，代履行的理由和依据、方式和时间、标的、费用预算以及代履行人；

（二）代履行三日前，催告当事人履行，当事人履行的，停止代履行；

（三）代履行时，作出决定的行政机关应当派员到场监督；

（四）代履行完毕，行政机关到场监督的工作人员、代履行人和当事人或者见证人应当在执行文书上签名或者盖章。

代履行的费用按照成本合理确定，由当事人承担。但是，法律另有规定的除外。

代履行不得采用暴力、胁迫以及其他非法方式。

第五十二条　需要立即清除道路、河道、航道或者公共场所的遗洒物、障碍物或者污染物，当事人不能清除的，行政机关可以决定立即实施代履行；当事人不在场的，行政机关应当在事后立即通知当事人，并依法作出处理。

第五章　申请人民法院强制执行

第五十三条　当事人在法定期限内不申请行政复议或者提起行政诉讼，又不履行行政决定的，没有行政强制执行权的行政机关可以自期限届满之日起三个月内，依照本章规定申请人民法院强制执行。

第五十四条　行政机关申请人民法院强制执行前，应当催告当事人履行义务。催告书送达十日后当事人仍未履行义务的，行政机关可以向所在地有管辖权的人民法院申请强制执行；执行对象是不动产的，向不动产所在地有管辖权的人民法院申请强制执行。

第五十五条　行政机关向人民法院申请强制执行，应当提供下列材料：

（一）强制执行申请书；

（二）行政决定书及作出决定的事实、理由和依据；

（三）当事人的意见及行政机关催告情况；

（四）申请强制执行标的情况；

（五）法律、行政法规规定的其他材料。

强制执行申请书应当由行政机关负责人签名，加盖行政机关的印章，并注明日期。

第五十六条　人民法院接到行政机关强制执行的申请，应当在五日内受理。

行政机关对人民法院不予受理的裁定有异议的，可以在十五日内向上一级人民法院申请复议，上一级人民法院应当自收到复议申请之日起十五日内作出是否受理的裁定。

第五十七条 人民法院对行政机关强制执行的申请进行书面审查，对符合本法第五十五条规定，且行政决定具备法定执行效力的，除本法第五十八条规定的情形外，人民法院应当自受理之日起七日内作出执行裁定。

第五十八条 人民法院发现有下列情形之一的，在作出裁定前可以听取被执行人和行政机关的意见：

（一）明显缺乏事实根据的；

（二）明显缺乏法律、法规依据的；

（三）其他明显违法并损害被执行人合法权益的。

人民法院应当自受理之日起三十日内作出是否执行的裁定。裁定不予执行的，应当说明理由，并在五日内将不予执行的裁定送达行政机关。

行政机关对人民法院不予执行的裁定有异议的，可以自收到裁定之日起十五日内向上一级人民法院申请复议，上一级人民法院应当自收到复议申请之日起三十日内作出是否执行的裁定。

第五十九条 因情况紧急，为保障公共安全，行政机关可以申请人民法院立即执行。经人民法院院长批准，人民法院应当自作出执行裁定之日起五日内执行。

第六十条 行政机关申请人民法院强制执行，不缴纳申请费。强制执行的费用由被执行人承担。

人民法院以划拨、拍卖方式强制执行的，可以在划拨、拍卖后将强制执行的费用扣除。

依法拍卖财物，由人民法院委托拍卖机构依照《中华人民共和国拍卖法》的规定办理。

划拨的存款、汇款以及拍卖和依法处理所得的款项应当上缴国库或者划入财政专户，不得以任何形式截留、私分或者变相私分。

第六章 法律责任

第六十一条 行政机关实施行政强制，有下列情形之一的，由上级行政机关或者有关部门责令改正，对直接负责的主管人员和其他直接责任人员依法给予处分：

（一）没有法律、法规依据的；

（二）改变行政强制对象、条件、方式的；

（三）违反法定程序实施行政强制的；

（四）违反本法规定，在夜间或者法定节假日实施行政强制执行的；

（五）对居民生活采取停止供水、供电、供热、供燃气等方式迫使当事人履行相关行政决定的；

（六）有其他违法实施行政强制情形的。

第六十二条 违反本法规定，行政机关有下列情形之一的，由上级行政机关或者有关部门责令改正，对直接负责的主管人员和其他直接责任人员依法给予处分：

（一）扩大查封、扣押、冻结范围的；

（二）使用或者损毁查封、扣押场所、设施或者财物的；

（三）在查封、扣押法定期间不作出处理决定或者未依法及时解除查封、扣押的；

（四）在冻结存款、汇款法定期间不作出处理决定或者未依法及时解除冻结的。

第六十三条　行政机关将查封、扣押的财物或者划拨的存款、汇款以及拍卖和依法处理所得的款项，截留、私分或者变相私分的，由财政部门或者有关部门予以追缴；对直接负责的主管人员和其他直接责任人员依法给予记大过、降级、撤职或者开除的处分。

行政机关工作人员利用职务上的便利，将查封、扣押的场所、设施或者财物据为己有的，由上级行政机关或者有关部门责令改正，依法给予记大过、降级、撤职或者开除的处分。

第六十四条　行政机关及其工作人员利用行政强制权为单位或者个人谋取利益的，由上级行政机关或者有关部门责令改正，对直接负责的主管人员和其他直接责任人员依法给予处分。

第六十五条　违反本法规定，金融机构有下列行为之一的，由金融业监督管理机构责令改正，对直接负责的主管人员和其他直接责任人员依法给予处分：

（一）在冻结前向当事人泄露信息的；

（二）对应当立即冻结、划拨的存款、汇款不冻结或者不划拨，致使存款、汇款转移的；

（三）将不应当冻结、划拨的存款、汇款予以冻结或者划拨的；

（四）未及时解除冻结存款、汇款的。

第六十六条　违反本法规定，金融机构将款项划入国库或者财政专户以外的其他账户的，由金融业监督管理机构责令改正，并处以违法划拨款项二倍的罚款；对直接负责的主管人员和其他直接责任人员依法给予处分。

违反本法规定，行政机关、人民法院指令金融机构将款项划入国库或者财政专户以外的其他账户的，对直接负责的主管人员和其他直接责任人员依法给予处分。

第六十七条 人民法院及其工作人员在强制执行中有违法行为或者扩大强制执行范围的，对直接负责的主管人员和其他直接责任人员依法给予处分。

第六十八条 违反本法规定，给公民、法人或者其他组织造成损失的，依法给予赔偿。

违反本法规定，构成犯罪的，依法追究刑事责任。

第七章　附　则

第六十九条 本法中十日以内期限的规定是指工作日，不含法定节假日。

第七十条 法律、行政法规授权的具有管理公共事务职能的组织在法定授权范围内，以自己的名义实施行政强制，适用本法有关行政机关的规定。

第七十一条 本法自 2012 年 1 月 1 日起施行。

五、最高人民法院、最高人民检察院关于民事执行活动法律监督若干问题的规定

(2016年12月19日)

为促进人民法院依法执行,规范人民检察院民事执行法律监督活动,根据《中华人民共和国民事诉讼法》和其他有关法律规定,结合人民法院民事执行和人民检察院民事执行法律监督工作实际,制定本规定。

第一条 人民检察院依法对民事执行活动实行法律监督。人民法院依法接受人民检察院的法律监督。

第二条 人民检察院办理民事执行监督案件,应当以事实为依据,以法律为准绳,坚持公开、公平、公正和诚实信用原则,尊重和保障当事人的诉讼权利,监督和支持人民法院依法行使执行权。

第三条 人民检察院对人民法院执行生效民事判决、裁定、调解书、支付令、仲裁裁决以及公证债权文书等法律文书的活动实施法律监督。

第四条 对民事执行活动的监督案件,由执行法院所在地同级人民检察院管辖。

上级人民检察院认为确有必要的,可以办理下级人民检察院管辖的民事执行监督案件。下级人民检察院对有管辖权的民事执

行监督案件，认为需要上级人民检察院办理的，可以报请上级人民检察院办理。

第五条 当事人、利害关系人、案外人认为人民法院的民事执行活动存在违法情形向人民检察院申请监督，应当提交监督申请书、身份证明、相关法律文书及证据材料。提交证据材料的，应当附证据清单。

申请监督材料不齐备的，人民检察院应当要求申请人限期补齐，并明确告知应补齐的全部材料。申请人逾期未补齐的，视为撤回监督申请。

第六条 当事人、利害关系人、案外人认为民事执行活动存在违法情形，向人民检察院申请监督，法律规定可以提出异议、复议或者提起诉讼，当事人、利害关系人、案外人没有提出异议、申请复议或者提起诉讼的，人民检察院不予受理，但有正当理由的除外。

当事人、利害关系人、案外人已经向人民法院提出执行异议或者申请复议，人民法院审查异议、复议期间，当事人、利害关系人、案外人又向人民检察院申请监督的，人民检察院不予受理，但申请对人民法院的异议、复议程序进行监督的除外。

第七条 具有下列情形之一的民事执行案件，人民检察院应当依职权进行监督：

（一）损害国家利益或者社会公共利益的；

（二）执行人员在执行该案时有贪污受贿、徇私舞弊、枉法执行等违法行为、司法机关已经立案的；

（三）造成重大社会影响的；

（四）需要跟进监督的。

第八条 人民检察院因办理监督案件的需要，依照有关规定可以调阅人民法院的执行卷宗，人民法院应当予以配合。

通过拷贝电子卷、查阅、复制、摘录等方式能够满足办案需要的，不调阅卷宗。

人民检察院调阅人民法院卷宗，由人民法院办公室（厅）负责办理，并在五日内提供，因特殊情况不能按时提供的，应当向人民检察院说明理由，并在情况消除后及时提供。

人民法院正在办理或者已结案尚未归档的案件，人民检察院办理民事执行监督案件时可以直接到办理部门查阅、复制、拷贝、摘录案件材料，不调阅卷宗。

第九条 人民检察院因履行法律监督职责的需要，可以向当事人或者案外人调查核实有关情况。

第十条 人民检察院认为人民法院在民事执行活动中可能存在怠于履行职责情形的，可以向人民法院书面了解相关情况，人民法院应当说明案件的执行情况及理由，并在十五日内书面回复人民检察院。

第十一条 人民检察院向人民法院提出民事执行监督检察建议，应当经检察长批准或者检察委员会决定，制作检察建议书，在决定之日起十五日内将检察建议书连同案件卷宗移送同级人民法院。

检察建议书应当载明检察机关查明的事实、监督理由、依据以及建议内容等。

第十二条 人民检察院提出的民事执行监督检察建议，统一由同级人民法院立案受理。

第十三条 人民法院收到人民检察院的检察建议书后，应当在三个月内将审查处理情况以回复意见函的形式回复人民检察院，并附裁定、决定等相关法律文书。有特殊情况需要延长的，经本院院长批准，可以延长一个月。

回复意见函应当载明人民法院查明的事实、回复意见和理由并加盖院章。不采纳检察建议的，应当说明理由。

第十四条 人民法院收到检察建议后逾期未回复或者处理结果不当的，提出检察建议的人民检察院可以依职权提请上一级人民检察院向其同级人民法院提出检察建议。上一级人民检察院认为应当跟进监督的，应当向其同级人民法院提出检察建议。人民法院应当在三个月内提出审查处理意见并以回复意见函的形式回复人民检察院，认为人民检察院的意见正确的，应当监督下级人民法院及时纠正。

第十五条 当事人在人民检察院审查案件过程中达成和解协议且不违反法律规定的，人民检察院应当告知其将和解协议送交人民法院，由人民法院依照民事诉讼法第二百三十条的规定进行处理。

第十六条 当事人、利害关系人、案外人申请监督的案件，人民检察院认为人民法院民事执行活动不存在违法情形的，应当作出不支持监督申请的决定，在决定之日起十五日内制作不支持监督申请决定书，发送申请人，并做好释法说理工作。

人民检察院办理依职权监督的案件，认为人民法院民事执行活动不存在违法情形的，应当作出终结审查决定。

第十七条 人民法院认为检察监督行为违反法律规定的，可以向人民检察院提出书面建议。人民检察院应当在收到书面建议后三个月内作出处理并将处理情况书面回复人民法院；人民法院对于人民检察院的回复有异议的，可以通过上一级人民法院向上一级人民检察院提出。上一级人民检察院认为人民法院建议正确的，应当要求下级人民检察院及时纠正。

第十八条 有关国家机关不依法履行生效法律文书确定的执行义务或者协助执行义务的,人民检察院可以向相关国家机关提出检察建议。

第十九条 人民检察院民事检察部门在办案中发现被执行人涉嫌构成拒不执行判决、裁定罪且公安机关不予立案侦查的,应当移送侦查监督部门处理。

第二十条 人民法院、人民检察院应当建立完善沟通联系机制,密切配合,互相支持,促进民事执行法律监督工作依法有序稳妥开展。

第二十一条 人民检察院对人民法院行政执行活动实施法律监督,行政诉讼法及有关司法解释没有规定的,参照本规定执行。

第二十二条 本规定自2017年1月1日起施行。

六、人民检察院检察建议工作规定

(2018年12月25日最高人民检察院第十三届检察委员会第十二次会议通过,2019年2月26日最高人民检察院公告公布,自公布之日起施行 高检发释字〔2019〕1号)

第一章 总 则

第一条 为了进一步加强和规范检察建议工作,确保检察建议的质量和效果,充分发挥检察建议的作用,根据《中华人民共和国人民检察院组织法》等法律规定,结合检察工作实际,制定本规定。

第二条 检察建议是人民检察院依法履行法律监督职责,参与社会治理,维护司法公正,促进依法行政,预防和减少违法犯罪,保护国家利益和社会公共利益,维护个人和组织合法权益,保障法律统一正确实施的重要方式。

第三条 人民检察院可以直接向本院所办理案件的涉案单位、本级有关主管机关以及其他有关单位提出检察建议。

需要向涉案单位以外的上级有关主管机关提出检察建议的,应当层报被建议单位的同级人民检察院决定并提出检察建议,或者由办理案件的人民检察院制作检察建议书后,报被建议单位的同级人民检察院审核并转送被建议单位。

需要向下级有关单位提出检察建议的,应当指令对应的下级人民检察院提出检察建议。

需要向异地有关单位提出检察建议的，应当征求被建议单位所在地同级人民检察院意见。被建议单位所在地同级人民检察院提出不同意见，办理案件的人民检察院坚持认为应当提出检察建议的，层报共同的上级人民检察院决定。

第四条 提出检察建议，应当立足检察职能，结合司法办案工作，坚持严格依法、准确及时、必要审慎、注重实效的原则。

第五条 检察建议主要包括以下类型：

（一）再审检察建议；

（二）纠正违法检察建议；

（三）公益诉讼检察建议；

（四）社会治理检察建议；

（五）其他检察建议。

第六条 检察建议应当由检察官办案组或者检察官办理。

第七条 制发检察建议应当在统一业务应用系统中进行，实行以院名义统一编号、统一签发、全程留痕、全程监督。

第二章 适用范围

第八条 人民检察院发现同级人民法院已经发生法律效力的判决、裁定具有法律规定的应当再审情形的，或者发现调解书损害国家利益、社会公共利益的，可以向同级人民法院提出再审检察建议。

第九条 人民检察院在履行对诉讼活动的法律监督职责中发现有关执法、司法机关具有下列情形之一的，可以向有关执法、司法机关提出纠正违法检察建议：

（一）人民法院审判人员在民事、行政审判活动中存在违法行为的；

（二）人民法院在执行生效民事、行政判决、裁定、决定或者调解书、支付令、仲裁裁决书、公证债权文书等法律文书过程中存在违法执行、不执行、怠于执行等行为，或者有其他重大隐患的；

（三）人民检察院办理行政诉讼监督案件或者执行监督案件，发现行政机关有违反法律规定、可能影响人民法院公正审理和执行的行为的；

（四）公安机关、人民法院、监狱、社区矫正机构、强制医疗执行机构等在刑事诉讼活动中或者执行人民法院生效刑事判决、裁定、决定等法律文书过程中存在普遍性、倾向性违法问题，或者有其他重大隐患，需要引起重视予以解决的；

（五）诉讼活动中其他需要以检察建议形式纠正违法的情形。

第十条 人民检察院在履行职责中发现生态环境和资源保护、食品药品安全、国有财产保护、国有土地使用权出让等领域负有监督管理职责的行政机关违法行使职权或者不作为，致使国家利益或者社会公共利益受到侵害，符合法律规定的公益诉讼条件的，应当按照公益诉讼案件办理程序向行政机关提出督促依法履职的检察建议。

第十一条 人民检察院在办理案件中发现社会治理工作存在下列情形之一的，可以向有关单位和部门提出改进工作、完善治理的检察建议：

（一）涉案单位在预防违法犯罪方面制度不健全、不落实，管理不完善，存在违法犯罪隐患，需要及时消除的；

（二）一定时期某类违法犯罪案件多发、频发，或者已发生的案件暴露出明显的管理监督漏洞，需要督促行业主管部门加强和改进管理监督工作的；

（三）涉及一定群体的民间纠纷问题突出，可能导致发生群体性事件或者恶性案件，需要督促相关部门完善风险预警防范措施，加强调解疏导工作的；

（四）相关单位或者部门不依法及时履行职责，致使个人或者组织合法权益受到损害或者存在损害危险，需要及时整改消除的；

（五）需要给予有关涉案人员、责任人员或者组织行政处罚、政务处分、行业惩戒，或者需要追究有关责任人员的司法责任的；

（六）其他需要提出检察建议的情形。

第十二条　对执法、司法机关在诉讼活动中的违法情形，以及需要对被不起诉人给予行政处罚、处分或者需要没收其违法所得，法律、司法解释和其他有关规范性文件明确规定应当发出纠正违法通知书、检察意见书的，依照相关规定执行。

第三章　调查办理和督促落实

第十三条　检察官在履行职责中发现有应当依照本规定提出检察建议情形的，应当报经检察长决定，对相关事项进行调查核实，做到事实清楚、准确。

第十四条　检察官可以采取以下措施进行调查核实：

（一）查询、调取、复制相关证据材料；

（二）向当事人、有关知情人员或者其他相关人员了解情况；

（三）听取被建议单位意见；

（四）咨询专业人员、相关部门或者行业协会等对专门问题的意见；

（五）委托鉴定、评估、审计；

（六）现场走访、查验；

（七）查明事实所需要采取的其他措施。

进行调查核实，不得采取限制人身自由和查封、扣押、冻结财产等强制性措施。

第十五条　检察官一般应当在检察长作出决定后两个月以内完成检察建议事项的调查核实。情况紧急的，应当及时办结。

检察官调查核实完毕，应当制作调查终结报告，写明调查过程和认定的事实与证据，提出处理意见。认为需要提出检察建议的，应当起草检察建议书，一并报送检察长，由检察长或者检察委员会讨论决定是否提出检察建议。

经调查核实，查明相关单位不存在需要纠正或者整改的违法事实或者重大隐患，决定不提出检察建议的，检察官应当将调查终结报告连同相关材料订卷存档。

第十六条　检察建议书要阐明相关的事实和依据，提出的建议应当符合法律、法规及其他有关规定，明确具体、说理充分、论证严谨、语言简洁、有操作性。

检察建议书一般包括以下内容：

（一）案件或者问题的来源；

（二）依法认定的案件事实或者经调查核实的事实及其证据；

（三）存在的违法情形或者应当消除的隐患；

（四）建议的具体内容及所依据的法律、法规和有关文件等的规定；

（五）被建议单位提出异议的期限；

（六）被建议单位书面回复落实情况的期限；

（七）其他需要说明的事项。

第十七条 检察官依据本规定第十一条的规定起草的检察建议书，报送检察长前，应当送本院负责法律政策研究的部门对检察建议的必要性、合法性、说理性等进行审核。

检察建议书正式发出前，可以征求被建议单位的意见。

第十八条 检察建议书应当以人民检察院的名义送达有关单位。送达检察建议书，可以书面送达，也可以现场宣告送达。

宣告送达检察建议书应当商被建议单位同意，可以在人民检察院、被建议单位或者其他适宜场所进行，由检察官向被建议单位负责人当面宣读检察建议书并进行示证、说理，听取被建议单位负责人意见。必要时，可以邀请人大代表、政协委员或者特约检察员、人民监督员等第三方人员参加。

第十九条 人民检察院提出检察建议，除另有规定外，应当要求被建议单位自收到检察建议书之日起两个月以内作出相应处理，并书面回复人民检察院。因情况紧急需要被建议单位尽快处理的，可以根据实际情况确定相应的回复期限。

第二十条 涉及事项社会影响大、群众关注度高、违法情形具有典型性、所涉问题应当引起有关部门重视的检察建议书，可以抄送同级党委、人大、政府、纪检监察机关或者被建议单位的上级机关、行政主管部门以及行业自律组织等。

第二十一条 发出的检察建议书，应当于五日内报上一级人民检察院对口业务部门和负责法律政策研究的部门备案。

第二十二条 检察长认为本院发出的检察建议书确有不当的，应当决定变更或者撤回，并及时通知有关单位，说明理由。

上级人民检察院认为下级人民检察院发出的检察建议书确有不当的，应当指令下级人民检察院变更或者撤回，并及时通知有关单位，说明理由。

第二十三条 被建议单位对检察建议提出异议的，检察官应当立即进行复核。经复核，异议成立的，应当报经检察长或者检察委员会讨论决定后，及时对检察建议书作出修改或者撤回检察建议书；异议不成立的，应当报经检察长同意后，向被建议单位说明理由。

第二十四条 人民检察院应当积极督促和支持配合被建议单位落实检察建议。督促落实工作由原承办检察官办理，可以采取询问、走访、不定期会商、召开联席会议等方式，并制作笔录或者工作记录。

第二十五条 被建议单位在规定期限内经督促无正当理由不予整改或者整改不到位的，经检察长决定，可以将相关情况报告上级人民检察院，通报被建议单位的上级机关、行政主管部门或者行业自律组织等，必要时可以报告同级党委、人大，通报同级政府、纪检监察机关。符合提起公益诉讼条件的，依法提起公益诉讼。

第四章 监督管理

第二十六条 各级人民检察院检察委员会应当定期对本院制发的检察建议的落实效果进行评估。

第二十七条 人民检察院案件管理部门负责检察建议的流程监控和分类统计，定期组织对检察建议进行质量评查，对检察建议工作情况进行综合分析。

第二十八条 人民检察院应当将制发检察建议的质量和效果

纳入检察官履职绩效考核。

第二十九条 上级人民检察院应当加强对下级人民检察院开展检察建议工作的指导，及时通报情况，帮助解决检察建议工作中的问题。

第五章 附 则

第三十条 法律、司法解释和其他有关规范性文件对再审检察建议、纠正违法检察建议和公益诉讼检察建议的办理有规定的，依照其规定办理；没有规定的，参照本规定办理。

第三十一条 本规定由最高人民检察院负责解释。

第三十二条 本规定自公布之日起施行，2009年印发的《人民检察院检察建议工作规定（试行）》同时废止。

图书在版编目（CIP）数据

最高人民检察院第十五批指导性案例适用指引. 行政检察／最高人民检察院第七检察厅编著. —北京：中国检察出版社，2020.3
ISBN 978-7-5102-2365-5

Ⅰ.①最… Ⅱ.①最… Ⅲ.①案例-汇编-中国②行政诉讼-检察-案例-中国 Ⅳ.①D920.5

中国版本图书馆 CIP 数据核字（2020）第 002751 号

最高人民检察院第十五批指导性案例适用指引（行政检察）
最高人民检察院第七检察厅　编著

出版发行：	中国检察出版社
社　　址：	北京市石景山区香山南路 109 号（100144）
网　　址：	中国检察出版社（www.zgjccbs.com）
编辑电话：	（010）86423708
发行电话：	（010）86423726　86423727　86423728
	（010）86423730　68650016
经　　销：	新华书店
印　　刷：	北京宝昌彩色印刷有限公司
开　　本：	710 mm×960 mm　16 开
印　　张：	11.25
字　　数：	127 千字
版　　次：	2020 年 3 月第一版　2021 年 5 月第二次印刷
书　　号：	ISBN 978-7-5102-2365-5
定　　价：	42.00 元

检察版图书，版权所有，侵权必究
如遇图书印装质量问题本社负责调换